Naturkosmetik

selber machen

Nachhaltig pflegende Rezepte für Körper, Haut
und Haar einfach und günstig selber herstellen

inklusiv kleiner Naturapotheke mit Kräutern
und Heilpflanzen

Impressum

2022 © Copyright
Alle Rechte vorbehalten

Autor: Bettina Klaafs in Vertretung Lysvold publish media
Grundweg 4
9527 Niederhelfenschwil
vitalundstark@gmail.com
Herstellung und Verlag: BoD – Books on Demand, Norderstedt

ISBN: 9783756203536

Haftungsausschluss

Sämtliche Inhalte dieses Buches wurden auf Basis von vertrauenswürdigen Quellen nach bestem Wissen und Gewissen recherchiert. Trotzdem stellt dieses Buch keinen Ersatz für eine medizinische Beratung dar. Für eventuelle nachteilige Auswirkungen und Reaktionen, die in einem direkten oder indirekten Zusammenhang mit den Informationen stehen, die in diesem Buch enthalten sind, wird keine Haftung übernommen.

Inhalt

Was ist Naturkosmetik?

Unter Naturkosmetik ist Kosmetika gemeint, die aus „natürlichen" Rohstoffen hergestellt werden und dadurch schonender und umweltfreundlicher sind als herkömmliche Produkte. Bei Naturkosmetiker werden Inhaltsstoffe wie synthetische Rohstoffe, Silikone, Parabene, Paraffine und andere Erdöle, synthetische Duftstoffe, bestimmte Konservierungsstoffe ausgeschlossen.

Das Verwenden von natürlichen Rohstoffen (pflanzlich, tierisch oder mineralisch) zeichnet die Naturkosmetik in ihrem Ursprung aus und muss mindestens 50 % aus pflanzlichen Inhaltsstoffen bestehen. 5 % der gesamten Inhaltsstoffe müssen aus biologisch zertifiziertem Anbau stammen. Pflanzen schützen sich gegen Feinde, indem sie besondere Stoffe absondern oder sich der Umgebung anzupassen. Dies macht sich die Naturkosmetik zunutze, indem die natürlichen (Abwehr)-Kräfte der Pflanzen genutzt werden.

So artenreich wie die Pflanzenwelt ist, so viele verschiedene Anwendungsmöglichkeiten gibt es für die verschiedenen Stoffe. Es wird ständig an der Entwicklung, Wirkung und neuen Einsatzmöglichkeiten geforscht.

Zertifizierte Naturkosmetik darf keine Inhaltsstoffe auf Ölbasis, Silikone oder PEG (Polyethylenglykol: wird in herkömmlichen Kosmetika häufig als Emulgator oder Schaumbildner verwendet) enthalten.
Viele Stoffe, die für die Umwelt und die menschliche Gesundheit schädlich sind, wie Mikroplastik auf Mineralölbasis und viele chemische Konservierungsmittel, sind nicht enthalten. Es sind nur lichtbeständige mineralische Filter erlaubt.

Geschichte der Naturkosmetik

Naturkosmetik wurde sowohl aus religiösen als auch aus persönlichen Zwecken von Männern und Frauen genutzt. Der Ausdruck Kosmetik, bezeichnet die Körper- und Schönheitspflege sowie den Erhalt, Wiederherstellung oder Verbesserung des menschlichen Körpers. Bereits im alten Ägypten bei den Griechen und Römer wurden Öle, Cremes, Salben und Badezusätze angemischt. Ägypter pflegten ausgiebige Schönheitskuren mit Bädern, Massagen und

Haarentfernung, sie färbten sich bereits Haut und Haare mit dem Farbstoff Henna. Diese Kulturen legten großen Wert auf ihr Äußeres, und entwickelten ihre ganz eigenen Rituale und Pflegeprodukte. Aus Blüten, Wurzeln, Mineralien und Kräuter wurden verschiedene Kosmetika und Essenzen hergestellt, die der Verschönerung, Reinigung und Pflege dienten.

Naturkosmetik selbst herstellen!

Wer Kosmetik selbst herstellt, spart Geld. Sie kennen die Inhaltsstoffe und das Verpackungsmaterial. Die Unterstützung großer Marketingkonzerne ist nicht erforderlich. Außerdem enthält selbstgemachte Kosmetik definitiv keine schädlichen Zusatzstoffe oder Mikroplastik, weil sie das selbst bestimmen können. Sie benötigen meist nur wenige Zutaten und die Wirksamkeit sowie das Ergebnis ist mindestens so gut wie bei herkömmlichen Produkten. Zugleich gewinnen Sie ein Stück Selbstbestimmtheit und Inspiration zurück.

Sich mit der Materie und dem alten Wissen zu beschäftigen, erschafft wieder mehr Bewusstsein und Sie wandeln zurück auf den ursprünglichen Pfad der Körperkultur. Wenn Sie nicht mehr länger auf die Produkte des Massenmarktes und von großen Konzernen angewiesen sein möchten, ist dies die perfekte Lösung und macht auch noch Spaß. Durch das Herstellen mit den eigenen Händen erleben sie den ganzen Herstellungsprozess mit all Ihren Sinnen. Sie können dann stolz auf ihre kleinen Erfolgserlebnisse sein mit dem Sie sich selbst etwas Gutes tun.

Die Motivation steigert sich mit jedem Mal, mehr Neues auszuprobieren und herzustellen. Durch die selbst kreierte Kosmetik wählen Sie genau jene Inhaltsstoffe aus, die Ihrem Körper guttun und gibt ihm somit die beste Unterstützung für ein sinnliches, strahlendes und vitales Aussehen. Durch die gesammelte Erfahrung, Fantasie und Experimentierfreudigkeit sind beim selbst herstellen keine Grenzen gesetzt und Sie können die eigenen Rezepturen Schritt für Schritt anpassen und verbessern bis Sie das gewünschte Ergebnis erreicht hat. Es sind auch tolle Geschenkideen für den Muttertag, Weihnachten oder Geburtstage, denn sie sind mit ganz viel Liebe selbst gemacht.

Wichtige Bestandteile und Grundzutaten der Naturkosmetik

Die wichtigsten Grundzutaten sind Natron, hochwertige, kaltgepresste Öle (Kokosöl, Olivenöl, Mandelöl, Sesamöl...), ätherische Öle, Bienenwachs, Honig, Zucker, Kaffeesatz, Sheabutter, Aloe Vera, Kräuter, Teebeutel und Wasser. Außerdem ist es gut, wenn Sie Cremedöschen, leere Deoroller, Lippenstifte und Sprühfläschchen vorrätig haben.

NATRON:

Ist ein weißes, kristallines Natriumsalz und wirkt sich Basisch auf die Haut aus. Sollte der Körper übersäuert sein, können sie ein Natron Bad nehmen. Es wird auch für Peelings und zum Zähneputzen und noch vieles mehr verwendet.

Natriumbicarbonat wird zur Haarwäsche bei fettigem Haar empfohlen. Es gilt als Allheilmittel und Geheimtipp für Schönheitsbehandlungen und gesundheitliche Probleme, die durch Übersäuerung verursacht werden.
Natrium wird als vielseitiges Hilfsmittel beim Kochen, bei der Hausarbeit und beim Backen verwendet. Aber Natriumbicarbonat kann noch viel mehr. In der Körperpflege

eingesetzt, hilft es auf natürliche Weise gegen unangenehme Gerüche, wirkt entgiftend, peelend und ist zudem sehr sanft. Dank seiner umwelt- und hautfreundlichen Eigenschaften gilt Natriumbicarbonat als echtes Multitalent für die Haushalts- und Körperpflege.

KOKOSÖL:

Das Öl, das aus dem Fleisch der Kokosnuss (Copra) gewonnen wird, hat als pflanzliches Öl eine interessante und wirkungsvolle Zusammensetzung. Kokosöl besitzt einen hohen Gehalt an Laurinsäure, diese wirkt antimikrobiell und schützt stark gegen jegliche Bakterien, Viren und Pilzerregern. Diese Säure hat eine entspannende Wirkung auf die Muskulatur und versorgt sie reichlich mit Energie. Reibe einfach die betroffenen Muskelstellen ein und Sie werden eine schnelle Abhilfe bei Verspannungen verspüren. Das Kokosöl kann vielseitig in der Naturkosmetik verwendet werden, wie bei trockener Haut, zum Abschminken, Körperrasur, für die Zahn und Haarpflege.

OLIVENÖL:

Olivenöl wird aus den Kernen oder dem Fruchtfleisch von Oliven gewonnen und besteht wie alle pflanzlichen Öle hauptsächlich aus Glycerin, das es der Haut ermöglicht,

Feuchtigkeit zu speichern und sie vor Austrocknung und freien Radikalen zu schützen. Es enthält 50-70 % Ölsäuren. Olivenöl zieht gut in die Haut ein und ist daher ideal für die Körperpflege. Es spendet Feuchtigkeit, bekämpft wirksam Falten und fördert die gesunde Funktion der Hautzellen. Olivenöl schützt die Haut vor schädlichen UV-Strahlen. Es kann den Sonnenschutz nicht ersetzen, aber es kann der vorzeitigen Hautalterung vorbeugen. Für besonders empfindliche Haut ist Olivenöl ein Geheimtipp.

Olivenöl wird als reines Basisöl und in Gesichts- und Körpercremes verwendet. Olivenölseife oder Handcreme ist ein hervorragender und natürlicher Feuchtigkeitsspender für rissige und empfindliche Hände.
Durch den sehr hohen Vitamin-E-Gehalt in Olivenöl, ist es ein wirksames Naturmittel gegen sprödes, schwaches und brüchiges Haar. Dabei kann eine Olivenöl-Haarmaske, alle ein bis zwei Wochen auf die Haarspitzen aufgetragen, Spliss vermindern und macht das Haar spürbar geschmeidiger und kraftvoller. Gerade im Urlaub können Sie die Kur öfter wiederholen. Das Vitamin E im Öl regeneriert die Hautzellen, fördert die Zellerneuerung und sorgt für ein frisches, junges Hautbild.

MANDELÖL:

Mandelöl wird aus den Kernen der Süßmandel (Prunus dulcis) gewonnen und ist der Klassiker in der Hautpflege. Durch seinen sehr hohen Gehalt an einfachen, ungesättigten Fettsäuren und seinen außerordentlich hautfreundlichen, rückfettenden, reizmildernden Wirkstoffen, wird dieses Öl sehr verehrt. Das milde, säurearme und geruchsneutrale Öl, gibt der Haut ein schönes und weiches Gefühl. Es eignet sich zum Beispiel bestens für die sensible Baby- und Kinderhaut, ältere, dünnere Haut, oder zur Vorbeugung von Schwangerschaftsstreifen.

Mandelöl eignet sich besonders als Massageöl, da es etwas dicker in seiner Substanz ist und somit lange auf der Haut bleibt.

Es ist auch sehr empfehlenswert für Männer, die das Öl zur Bartpflege verwenden können.

Mandelöl spendet nicht nur Feuchtigkeit bei trockener Haut, sondern auch bei trockenen Haaren. Das enthaltene Biotin versorgt das Haar mit Feuchtigkeit und es wird ihm sogar nachgesagt, das Haarwachstum zu fördern. Bei brüchigen Spitzen glättet es das Haar auf natürliche Weise und verleiht ihm einen geschmeidigen Glanz. Nach dem Haarewaschen können Sie zusätzlich etwas Öl in die Spitzen geben (nur wenige Tropfen, damit das Haar nicht fettig aussieht).

SESAMÖL:

Sesamöl wird aus den Samen des Sesams (Sesamu mindicum) gewonnen.

Aufgrund seiner positiven Wirkung wurde es zu einem hoch etablierten und wichtigen Bestandteil in der Ayurvedakultur. In der ayurvedischen Medizin wird es für die äußerliche Anwendung wie z.B. Massagen-, Reinigungs- und Entspannungstechniken eingesetzt.

Für die Verwendung zur Körperpflege sollte das helle und kaltgepresste Sesamöl verwenden. Das Öl weist einen hohen Gehalt an Linolsäure, Antioxidantien und Vitaminen auf und macht es zu einem bewährten Mittel gegen trockene und strapazierte Haut. Es unterstützt die Wund- und Narbenheilung. Es wirkt auch bei Stress und Kopfschmerzen sehr beruhigend. Das Sesamöl wirkt entgiftend auf den Körper und beruhigt die Nerven. Das Öl dringt tief und schnell in die Haut ein und versorgt diese optimal mit Feuchtigkeit. Es hilft außerdem bei der Regeneration der Haut und stärkt die Hautzellen.

BIENENWACHS:

In der Naturkosmetik und auch in der Pharmazie wird das Wachs häufig verwendet zur Herstellung von Salben, Cremes, Lippenpflegeprodukten und Seifen. Es hat eine stark fettende Wirkung. Das Fett wirkt, wie ein Schutzfilm, das sich auf die Haut legt, zugleich wird dem Bienenwachs eine antiseptische und entzündungshemmend Wirkung zugeordnet. Es wirkt emulgierend und enthält Stoffe wie Myricin, dass aus einem Gemisch von Estern, Säuren und komplexen Alkoholen und Kohlenwasserstoffe besteht. Es werden dem Bienenwachs 320 Substanzen zugeordnet. Bislang sind noch nicht alle erforscht und analysiert. Bienenwachs darf in der Naturkosmetik mit ihren besonderen und vielfältigen Eigenschaften und Wirkung nicht fehlen, es ist ein absolutes Basisprodukt worüber sich die Haut ganz bestimmt freut.

Bienenwachs hat viel positive Eigenschaften.

Das im Bienenstock produzierte Wachs, dient zum Schutz und der Stabilität des Bienenstockes. Dieser besondere Effekt überträgt sich auch auf die Haut und bildet eine Schutzbarriere. Es eignet sich ideal für Cremes und Lotionen. Eine besondere Eigenschaft von Wachs ist, dass es atmungsaktiv ist und die Poren nicht verstopft. Es wirkt wie ein wasserfestes Pflaster, das die Haut bedeckt und alle Arten von Schmutz und Bakterien fernhält.

Wachs ist in der Regel wasserabweisend, hat aber auch hydrophile Eigenschaften, da die im Wachs enthaltenen Stoffe Wasser oder Feuchtigkeit anziehen können. Sie können Ihre Hauscremes mit natürlichen und pflegenden Inhaltsstoffen anreichern. Bienenwachs hingegen nimmt auf natürliche Weise Wassermoleküle aus der Luft auf und gibt sie nach und nach an die Haut ab.

Bienenwachs ist reich an Vitamin A, das die Erneuerung der Hautzellen unterstützt, die Haut fest und elastisch hält und der Faltenbildung vorbeugt. Kosmetische Produkte, die Bienenwachs enthalten, sind sehr wirksam gegen Dehnungsstreifen.

Dank seiner antibakteriellen Eigenschaften hat Bienenwachs therapeutische Eigenschaften, da es von Bienen aus Propolis, Honig und Pollen hergestellt wird. Alle drei Stoffe sind für ihre antibakteriellen Eigenschaften bekannt, sodass das Wachs die Wundheilung unterstützt und bakterielle Infektionen reduziert.

Bienenwachs wird häufig zur Behandlung von Windelausschlägen verwendet und kann auch bei kleineren

Verbrennungen, Hautreizungen und Juckreiz eingesetzt werden. Bienenwachscreme kann auch zur Behandlung aller Arten von Pilzinfektionen, wie z. B. vaginalen Hefepilzinfektionen oder viralen Infektionen wie Herpes labialis, verwendet werden. Es ist wichtig darauf zu achten, dass es ein reines, naturbelassenes Wachs ohne chemische Zusatzstoffe in der Naturkosmetik verwendet wird. Am besten suchen Sie einen regionalen Imker ihres Vertrauens auf.

HONIG:

Honig enthält jede Menge haut- und haarpflegende Substanzen. Es enthält eine Menge an Mineralstoffen, Vitaminen, Aminosäuren und Spurenelemente. Diese schönheits- und gesundheitsfördernde Inhaltsstoffe sind teils in Vergessenheit geraten. Königin Kleopatra im alten Ägypten nahm ein regelmäßiges Schönheits-Bad mit dem flüssigen Gold.

Honig gibt der Haut reichhaltige Pflege und fördert die Wundheilung und gibt sprödem, glanzlosem Haar seine Kraft zurück.
Der Honig verringert das Wachstum der Bakterien, indem er ihnen das Wasser entzieht und diese dadurch keine Überlebenschance haben. Weitere essenzielle Bestandteile wie Calcium, Eisen und Magnesium, die in dem flüssigen Gold enthalten sind, stärken das Immunsystem. Honig besteht aus Frucht- & Traubenzucker, sowie 10 -25 % Wasser.

Dazu kommen ca. 2 % Enzyme. Diese Eiweißverbindungen sind es, die so effektiv gegen Bakterien wirken. Sie werden von den Bienen selbst produziert und sollen den Honig keimfrei halten und konservieren.

Aufgrund seiner hervorragenden Vorzüge wird der Honig in der Naturkosmetik häufig verwendet. Für die Haut wirkt er heilungsfördernd, beruhigend und entzündungshemmend und sorgt für ein weiches Hautgefühl. In der Gesichtspflege wird er vor allem für strapazierte, empfindliche und auch für trockene Haut verwendet. In Shampoos wirken die Inhaltsstoffe des Honigs beruhigend auf die gereizte und trockene Kopfhaut.

ZUCKER:

Die feinen Kristalle sind angenehm fühlbar auf der Haut und eignen sich super für Peelings. Im Gegensatz zu Salz hat Zucker eine eher runde Form ohne scharfe Kanten und ist daher freundlicher und sanfter. Damit entfernt es Hautschüppchen auf eine schonendere und angenehmere Weise.

In Lotionen kommt er als Emulgator zum Einsatz und erlaubt dadurch die Verbindung von Wasser mit Öl.

Schon gewusst? Selbst Hyaluronsäure ist eine Zuckerverbindung. Ein Gramm des Anti-Aging-Wirkstoffs kann beachtliche drei Liter Feuchtigkeit binden!

Der Rohstoff ist für die Gesundheit nicht sehr beliebt, aber Zucker hat es einfach in sich und darf in der Naturkosmetik nicht unterschätzt werden. Im Zuckerrohr und auch in Zuckerrüben stecken zum Beispiel natürliche Fruchtsäuren (AhA). Diese haben die Eigenschaft, in die tieferen Schichten der Oberhaut einzudringen, da die sogenannte Glykolsäure die kleinste Molekülgröße aufweist. Mit dieser Größe kann es in die tieferen Hautschichten eindringen. Dabei wirkt sie wie einen chemischen Peeling, dass die Hornschicht zwischen den Zellen auflockert und die Schüppchen von der Hautoberfläche sanft löst. Die Säure reinigt auch verstopfte

Talgdrüsen, reduziert die Dicke der oberen Hornschicht und erhöht den Feuchtigkeitsgehalt. Der Teint wirkt frisch und vital. Zucker ist daher das perfekte Mittel, um Lotionen und Peelings herzustellen.

KAFFEESATZ:

Der Kaffeesatz ist nicht nur ein Abfallprodukt seines morgendlichen Kaffees, sondern steckt voller wertvoller Inhaltsstoffe und ist deshalb vielseitig in der Naturkosmetik verwendbar wie z.B. bei Cellulite Peelings, zum Haare färben oder zur Förderung von Haarwuchs.

Der Kaffeesatz enthält Koffein, dass die Blutzirkulation verbessert und somit die Blutgefäße erweitert. Dies fördert die Durchblutung des Bindegewebes und hilft beim Abbau von Schlacken. Durch das Einmassieren und den Peelingeffekt der Körnchen werden diese schneller abgebaut und wirkt der Cellulite entgegen. Bei regelmäßiger Anwendung wird das Hautbild erheblich feiner und verbessert.

Den Kaffeesatz können Sie mit etwas Shampoo mischen oder ihn einfach pur als Kaffeesatz-Spülung verwenden. Das Haar wird kräftiger und glänzender. Gleichzeitig verleiht es dem Haar einen warmen Braunton. Diese Methode ist insbesondere für dunklere Haartypen zu empfehlen.

SHEABUTTER:

Das Fett ist in seiner Farbe leicht gelblich – weiß, es stammt aus der Frucht des Karitébaums. Der ursprüngliche Name ist Karitèbutter. Der Baum ist im tropischen Mittelafrika beheimatet und wird bis zu ca. 25 Meter groß. Es reifen an seinen Zweigen die Shea Nüsse heran. Diese stammen aus der Familie der Beeren.

Die Nüsse bestehen aus 50 % Fett, werden von dem Fruchtfleisch in einer mühsamen Prozedur entfernt und die Kerne zerkleinert. Der weitere Verarbeitungsprozess erfolgt durch das Vermengen mit warmem Wasser, bis eine breiartige Masse entsteht. Das Fett löst sich langsam und kommt allmählich an die Wasseroberfläche. Diese kann anschließend einfach abgesiebt werden. Im abgekühlten Zustand wird die Sheabutter hart und nimmt ihre Konsistenz und Form der reinen Sheabutter an.

Sheabutter ist ein wahrer Alleskönner, wenn es um Körperpflege und Gesundheit geht.

Die kostbare Sheabutter ist zur Herstellung bestimmter Kosmetika nicht mehr wegzudenken. Sie ist vielseitig anwendbar, leicht zu verarbeiten und eignet sich als heilungsförderndes Mittel bei verschiedenen Beschwerden.

Wichtig bei der Naturkosmetik ist, dass darauf geachtet wird, nur unraffinierte und zertifizierte Sheabutter zu kaufen. Sheabutter enthalten Bestandteile wie: Tocopherole, Phytosterole oder Kohlenwasserstoffe, dieser wird als nicht verseifbare Ölsäuren bezeichnet. Neben diesen Komponenten hat unraffinierte Sheabutter noch weitere hochwertige Inhaltsstoffe.

Zu diesen gehören:

Vitamin E: Ein Antioxidans und sorgt dafür, Toxine aus dem Körper zu leiten. Das Vitamin E verlangsamt die Alterungsprozesse der Zellen.

Beta-Carotin: Wir auch häufig Provitamin A genannt, weil es im Körper zu Vitamin A transformiert wird. Es hemmt Oxidationsprozesse, unterstützt die Zellerneuerung und fördert das Zellwachstum. Es schützt vor freien Radikalen.

Allantoin: Ist ein Stoffwechselprodukt, das beim Abbau der Harnsäure gebildet wird und eine wundheilende, entzündungshemmende Funktion besitzt. Allantoin erneuert die Hautzellen und versorgt diese, um Hautirritationen zu lindern und Wunden schneller zu schließen, darum wird dieser Stoff in Hautcremes häufig als Zusatz beigefügt.

Omega 3 Fettsäuren: Sind substanzielle, ungesättigte Fettsäuren, die eine wichtige Auswirkung auf den Stoffwechsel haben. Sie sind dafür zuständig, den Hormonhaushalt zu regulieren und Entzündungswerte im Körper zu senken.

Linolsäure: Hat die Eigenschaft die Haut zu beruhigen und regelt den Feuchtigkeitshaushalt.

Besonders wirksam wirkt die Sheabutter bei diesen Symptomen:

Energieloser und trockener Haut: Bei Spannungsgefühlen sorgt sie für sofortige Linderung und spendet ausreichend Feuchtigkeit. Fältchen, die bei zu trockener Haut entstehen, können bei regelmäßiger Anwendung verfeinert werden. Der Stoff Allantoin sorgt dafür, die Zellen zu erneuern und gibt der Haut mehr Spannkraft.

Narbenpflege: Bei frischen Narben können durch regelmäßiges Einmassieren von Sheabutter die Heilung gefördert und die Narbenbildung minimiert werden. Es liefert dem Gewebe die wichtigen Inhaltsstoffe, um die verletzte Stelle mit genügend Feuchtigkeit zu versorgen. Dadurch wird vermieden, dass das Gewebe verhärtet und die Stelle bleibt elastisch und gut durchblutet. Für die Prävention von Dehnungsstreifen eignet sich die Sheabutter hervorragend.

After Sun: Nach einem ausgiebigen Sonnenbad, spendet Sheabutter beim Eincremen Feuchtigkeit und hilft die Haut zu beruhigen.

Neurodermitis: Wenn Sie unter Neurodermitis leiden, können sie mit Sheabutter ebenfalls Erfolge erzielen. Sie lindert lästigen Juckreiz und beruhigt die Haut sichtbar.

Ekzeme und Ausschläge: Auch bei diesen Beschwerden soll das Universaltalent an ihrer Seite stehen. Die beinhalteten Wirkstoffe der Sheabutter mildern den Juckreiz, vermeiden das Nässen von Wunden, wirken antibakteriell und verringern die Entstehung von Narben.

Tierpflege: Auch Haustiere haben durch die Umwelteinflüsse, wie z.B. bei starker Kälte oder dem Streusalz auf der Straße, das Problem von trockenen aufgerauten Pfoten. Hier kann die Butter sofortige

Linderung schaffen. Es ist dabei allerdings zu beachten, dass Sie ein unraffiniertes Produkt verwenden, da sich die Tiere lecken.

ALOE VERA:

Die Aloe Vera Pflanze zählt zu den Liliengewächsen, die in vielen Wüstengebieten wachsen. Dabei ist zu beachten, welche Pflanze für ihr Kosmetikprodukt benutzt werden soll, da es über 300 verschiedene Arten der Aloe gibt. Nur wenige Arten enthalten die Inhaltsstoffe, denen eine besondere Wirkung nachgewiesen wird. Die Barbados-Aloe Aloe, ferox oder Bitter Aloe sind die Favoriten, die sich hervorragend für die Behandlung und Pflege von Haar und Haut eignen.

Bisher wurden mehr als 240 verschiedene Inhaltsstoffe in den Aloe Vera Blättern nachgewiesen.

Für die Naturkosmetik wird das reine Aloe Gel verwendet. Die beste Methode ist, sich die Pflanze ins Haus zu holen. Dann sind Sie immer mit einem frischen Aloe Vera Gel versorgt.

Das Gel lindert Juckreiz, wirkt kühlend, entzündungshemmend und feuchtigkeitsspendend. Es hat nur ein sehr geringes Irritations-potenzial und ist daher sehr bei sensibler und gereizter Haut zu empfehlen, auch allergische Reaktionen sind äußerst selten. Die Pflanze wirkt sehr intensiv Antioxidativ. Das Gel, das sich im Inneren des Blattes befindet, regt die Kollagenproduktion an und unterstützt die Zellregeneration. Das Gel kommt auch gegen Viren, Pilzen und Bakterien, sowie bei Akne gerne zum Einsatz. Bei trockener, gereizter und sensibler Haut profitiert diese von der Wirkung dieser Pflanze. Genauso wird es für die Pflege von Schuppenflechte, Dermatitis, und Sonnenbrand verwendet.

Wird das Gel auf die Kopfhaut verteilt, kann es sofortige Linderung bei Juckreiz oder trockenen Stellen gebe. Sie können es auch gleich in das ganze Haar verteilen, da es dem Haar Feuchtigkeit spendet.

KRÄUTER:

Minze, Rosmarin, Salbei, Kamille, Lavendel und viele andere Kräuter finden ihren Platz auch in der Naturkosmetik. Je nach Kraut wirken sie belebend, beruhigend oder heilend auf Haut und Haar. Durch die ätherischen Öle der Kräuter duftet das Produkt nicht nur, sondern wirkt sich positiv auf ihr Wohlbefinden aus. Unter anderem haben Kräuter sehr viel Antioxidantien und Polyphenole. Diese schützen die

Zellen und haben eine desinfizierende und entzündungshemmende Wirkung. Kräuter sollten auf keinen Fall in der Naturkosmetik fehlen.

Pflanzliche Heilmittel können bei der Behandlung von Hautproblemen und -krankheiten helfen: Sie wirken entzündungshemmend, fördern die Wundheilung, lindern Juckreiz, beruhigen gereizte Haut und haben eine kühlende Wirkung. Sie können auch die Schutzbarriere der Haut unterstützen und zur Behandlung von trockener oder fettiger und gereizter Haut eingesetzt werden, zum Beispiel in Bäder, Wickeln, Masken, Haarspülungen, Gesichtscremes und Peelings.

TEEBEUTEL:

Wirf den Teebeutel nicht einfach weg, sondern verwende ihn für eine Maske oder ein sanftes Peeling. Die aromatischen Kräuter haben ihre ätherischen Öle durch das Aufbrühen voll entwickelt und es sind noch sehr viel Reste im Teebeutel vorhanden und liefern noch wertvolle Substanzen, die der Haut zugutekommen.

Tees sind reich an Antioxidantien, liefern antibiotische Essenzen und wirken belebend und entzündungshemmend. Sie wirken sich positiv auf verschiedene Körperfunktionen aus und unterstützen verschiedene Zellabläufe.

Gebrauchte grüne Teebeutel sind ideal zur Behandlung von Akne, da sie Catechine enthalten, die eine antibakterielle Wirkung vorweisen und stoppen die Ausbreitung von Bakterien.

Verschiedene Teesorten helfen, Schwellungen, um die Augen zu reduzieren oder entzündete, gereizte Augen zu beruhigen.

WASSER:

Wasser ist ein Basisträger zur Herstellung eines Naturkosmetikprodukts.

Jede Creme besteht aus Wasser und Fett, sonst wäre es keine Creme. Hätte das Produkt nur eine Wasserbasis, aber kein Fett, wird dies als Gel bezeichnet. Enthält ein Produkt kein Wasser, sondern nur Fett, haben wir je nach Beschaffenheit der enthaltenen Fette ein Wachs oder ein Öl. Wichtig für die Herstellung von Kosmetik ist, kein Leitungswasser zu verwenden, da es Mineralien und Mikroorganismen enthält. Destilliertes Wasser ist das Mittel der Wahl für Naturkosmetik.

ÄTHERISCHE ÖLE, NATÜRLICHE ZUTATEN UND IHRE WIRKUNG

Einige Pflanzen besitzen die Fähigkeit, bestimmte Substanzen in duftende Moleküle umzuwandeln, die sogenannten ätherischen Öle. Diese Öle, die im Gewebe der Pflanzen gespeichert sind, enthalten bis zu 400 verschiedene biochemische Bestandteile. Je nach Pflanze wird ihnen eine spezielle Wirkung zugesagt. Die Pflanzen nutzen ihre eigenen, ätherischen Öle um z.B. Insekten wie Bienen anzulocken, damit sie sich fortpflanzen können. Aber auch um Schädlinge abzuhalten, sich vor Krankheiten, Pilzbefall oder sogar gegen die UV-Strahlung zu schützen. Diese positiven Effekte wirken sich auch auf den Menschen aus, sowohl bei innerlicher als auch bei äußerlicher Anwendung. Je nach Wahl haben die Öle im Deo eine antibakterielle oder auch eine schweißregulierende Wirkung. Sie können in Gesichtscremes und Bodylotions belebend, entschlackend, vitalisierend und beruhigend oder durchblutungsfördernd wirken. Mit den Ölen verleihen sie den Produkten einen wunderbaren Duft.

Ätherische Öle ergänzen jedes Naturkosmetikprodukt. Sie können gezielte Öle für die Bedürfnisse ihrer Haut verwenden und abstimmen. Bei der Naturkosmetik ist dabei sehr auf die Qualität zu achten. Es sollte ein reines Öl sein, ohne chemische Duftstoffe und Zusätze.

Das Wissen über die ätherischen Öle geht bis in die Römerzeit zurück. Schon damals nutzten sie die Stoffe der Natur zur Förderung der Heilung oder um Kosmetika herzustellen. Der Duft von ätherischen Ölen wirkt harmonisierend und beruhigend. Es lindert unterschiedliche Beschwerden bzw. Symptome auf eine besonders sanfte Art und Weise.

Was braucht Ihr alles für die Herstellung (Utensilien)

Bei der Herstellung von Naturkosmetik muss sehr genau abgewogen werden, daher ist das wichtigste Werkzeug eine Waage. Eine Digitalwaage, die in 1g Schritten wiegt, eignet sich dafür am besten. Jede einzelne Zutat, auch das Wasser, wird abgewogen. Bei kleinen Mengen ist ein Messlöffel hilfreich. 1 Messlöffel = 2,5 ml.

Wenn Sie kleine Cremetiegel, Döschen, Flaschen, Spender, Zerstäuber, Pipetten und Sprühflaschen oder einfach

Marmeladen Gläser aufheben, haben Sie schon Behälter für viele Produkte zur Hand. Cremes können in kleinen Marmeladen Gläsern im Wasserbad hergestellt werden.

Auf die genaue Temperatur kommt es an. Dafür empfiehlt sich ein digitaler Thermometer bis 100 °C, um die benötigte Temperatur exakt einzuhalten.

Weiter Utensilien sind Schneebesen, Spatel, Rührschüssel, Mixer und Kochlöffel. Eine gut ausgestattete Küche hat die meisten dieser Utensilien bereits. Improvisation bei fehlenden Hilfsmitteln ist auch erlaubt!

Wichtig ist es, alle zu verwendeten Sachen steril zu halten. Sie können alles mit kochendem Wasser abkochen, damit keine Bakterien in das reine Produkt reinkommt.

Haltbarkeit und Konservierung

Voraussetzung für die Haltbarkeit ist sauberes, keimfreies Arbeiten in der Produktion und das gleiche beim Abpacken. Pumpdöschen sind die beste Lösung zur Aufbewahrung von Cremen oder Gels, da keine Luft dazu kommt. Somit verhindern Sie, dass Vitamine und wichtige Inhaltsstoffe durch eine mögliche Oxidierung ihre Wirkung verlieren. Tuben aus Aluminium eignen sich besonders dafür, sie ziehen keine Luft ein und somit gelangen keine Mikroorganismen in das Produkt. Außerdem schützen die Tuben vor Licht, was der Haltbarkeit und Konservierung zugutekommen.

Eine Creme ohne Konservierungsmittel hält sich ca. 2 Wochen im Kühlschrank. Wegen der kurzen Haltbarkeit ist es ratsam, kleine Mengen herzustellen, insbesondere für Allergiker, die keine Konservierungsmittel vertragen und deshalb ohne arbeiten müssen. Wenn es größere Mengen sind, können diese auch eingefroren werden.
Auch Naturkosmetik kann nicht 100 % vor Mikroorganismen und Bakterien geschützt werden. Sobald Wasser ein Hauptbestandteil ist, sind auch hier Konservierungsstoffe nötig, um ein reines Produkt gewährleisten zu können.

Sollten Sie keine Pumpspender zur Verfügung haben, sondern nur kleine Dosen, ist es wichtig, das Produkt mit einem kleinen Spatel zu entnehmen. Damit verhindern Sie, dass sich Bakterien einschleichen und das Produkt eventuell in seiner Haltbarkeit mindern.

Alkohol ist ein altbewährtes Konservierungsmittel und kann genauso in der Naturkosmetik eingesetzt werden. Da zu viel Alkohol die Haut austrocknet, kann dies mit hochwertigen rückfettenden und feuchtigkeitsspendenden Zutaten entgegenwirkt werden. Der dafür verwendete Alkohol in Naturkosmetik sollte aus den pflanzlichen Rohstoffen wie z.B. Zucker oder Weizen gewonnen werden.

Eine natürliche und bezaubernd, duftende Methode der Konservierung sind ätherische Öle. Durch ihre antibakterielle Wirkung in der richtigen Zusammensetzung, reicht schon eine geringe Dosierung, um das Produkt haltbar zu machen. Die am besten geeigneten ätherischen Öle zum Konservieren, sind Thymian, Gewürznelken und Rosmarin. In Kosmetikprodukten reicht oft schon die Menge von unter einem Prozent des gesamten Inhalts, um ein Produkt haltbarer zu machen.

Natürliche Fette und Öle werden wirksam durch pflanzliches Vitamin E vor Oxidation geschützt. Ein guter Tipp ist es, die Kosmetika in einem kühlen, dunklen und trockenen Raum zu lagern. Stellen Sie das Produkt einfach in den Kühlschrank.

Dies verlängert schon auf natürliche Art und Weise die Haltbarkeit des Produktes.

Woran erkennen Sie abgelaufene Naturkosmetik und Tinkturen

Verlassen Sie sich am besten auf Ihre Sinne. Dazu zählt das Aussehen des Produktes, der Geruch oder die Konsistenz. Wenn sich stark verändert haben, handelt es höchstwahrscheinlich um ein abgelaufenes Produkt. Sollten Sie diese ersten Zeichen wie Veränderung der Textur oder ein unangenehmer Geruch bemerken, dann ist es besser dieses Produkt nicht mehr weiterzuverwenden. Bei einer Oxidierung kommt es häufig vor, dass sich auch die Farbe verändert. Dabei muss nicht unbedingt heißen, dass das Produkt abgelaufen oder schlecht ist. Es sind aber schon einige wichtige Inhaltsstoffe verloren gegangen.
Auch hier empfiehlt es sich, das Produkt nicht mehr weiterzuverwenden.

NATURKOSMETIK-REZEPTE

HAARSHAMPOO

Hausgemachtes Apfelweinessig-Shampoo

Wenn Sie das wahre Geheimnis für wirklich gesundes Haar kennenlernen möchten, nehmen Sie eine Dose Backpulver und etwas Apfelessig. Beachten Sie, dass die Mischung gut funktioniert, aber es kann eine Weile dauern, bis sich Ihr Haar daran gewöhnt hat (d. h. es könnte zunächst sehr fettig sein).

Zubereitung:

Geben Sie ein paar Esslöffel Backpulver in eine Sprühflasche, füllen Sie sie mit heißem Wasser auf und schütteln Sie diese gut. (Sie können auch ein paar Tropfen Ihres bevorzugten ätherischen Öls hinzufügen.).

Nachdem die Mischung ein paar Minuten eingezogen ist, geben Sie 60 ML auf das nasse Haar, verrühren es mit den Fingern und spülen es dann aus. Es gibt keinen Schaum, aber diese selbst gemachte Mischung macht das Haar sauber und glänzend.

Anschließend können Sie dieses einfache Spülungsrezept verwenden: Mischen Sie 125 ml Apfelessig oder frischen

Zitronensaft mit 500 ml Wasser. Gießen Sie es durch Ihr nasses Haar und spülen Sie es mit kaltem Wasser aus.

Shampoo mit Backsoda

Zutaten:

- 1 Esslöffel Backpulver – Es empfiehlt sich, Backpulver in großen Mengen, weil eine Menge davon verwendet wird.
- 250 ml Wasser – Wie beschrieben wird destilliertes Wasser empfohlen

Zubereitung:

Mischen Sie die Zutaten zusammen.

Wir mischen unsere in doppelter Menge in einer sauberen, wiederverwendeten Shampooflasche. Sie können jedes beliebige Gefäß verwenden und die Zutaten verdoppeln, bis es voll ist.

Anwendungsprozess

Schütteln Sie die Flasche vor jedem Gebrauch und spritzen Sie sie direkt auf Kopfhaut und Haar. Massieren Sie das Shampoo ein bis zwei Minuten lang sanft in die Kopfhaut ein und spülen Sie es gut aus.

Die besten Ergebnisse erzielen Sie, wenn Sie anschließend eine selbst gemachte Pflegespülung verwenden. Die selbst gemachte Pflegespülung ist unerlässlich, um den pH-Wert Ihres Haares wiederherzustellen und die Schuppenschicht zu glätten. Außerdem verhindert sie, dass sich Ihr Haar nach der Verwendung selbst gemachter Shampoos fettig/klebrig anfühlt.

Dieses Shampoo ist nicht für den täglichen Gebrauch geeignet, da das Backpulver Haare und Kopfhaut austrocknen kann. Wir empfehlen, es als klärendes Shampoo zu verwenden. Es eignet sich perfekt, wenn Sie es mit den Haarprodukten ein wenig übertrieben haben und Ablagerungen entfernen müssen, oder wenn Sie zum ersten Mal auf selbst gemachte Shampoos umsteigen und Ablagerungen entfernen müssen, die handelsüblichen Shampoos hinterlassen können. Dieses selbstgemachte Shampoo erzielt die besten Ergebnisse, wenn es mit weichem Wasser verwendet wird.

Natürliches Honig-Shampoo

Honig ist ein natürliches, antibakterielles und antimykotisches Mittel und trägt so zur Gesunderhaltung von Haar und Kopfhaut bei. Der pH-Wert des Honigs entspricht dem Ihres Haars, und er entzieht Ihrem Haar nicht die natürlichen Öle, die es zum Glänzen bringen.

Zubereitung

Für dieses Shampoo benötigen Sie rohen Honig und gefiltertes Wasser sowie ätherische Öle, die Sie hinzufügen möchten.

Da Wasser dazu führen kann, dass der Honig schnell schimmelt, sollten Sie dieses Shampoo nach Bedarf herstellen. Mischen Sie 1 Esslöffel rohen Honig, 3 Esslöffel gefiltertes oder destilliertes Wasser und 2 bis 4 Tropfen Ihrer bevorzugten ätherischen Öle.

Aloe Vera und Glyzerin-Shampoo

Glyzerin trägt dazu bei, dass das Aloe-Vera-Gel tiefer ins Haar eindringt, und spendet dem Haar außerdem Feuchtigkeit. Verwenden Sie reines Aloe-Vera-Gel und pflanzliches Glyzerin, um die besten Ergebnisse zu erzielen.

Vermischen Sie Aloe-Vera-Gel, pflanzliches Glyzerin und Wasser gründlich. Füllen Sie es in eine Sprühflasche und besprühen Sie Ihr nasses Haar. Reiben Sie die Mischung in Ihre Kopfhaut und Ihr Haar ein und spülen Sie sie dann aus.

Wildblüten-Honig Shampoo
Zutaten

- 2 Esslöffel flüssiger Bio-Honig,
- 2 Teelöffel Kokosnussöl,
- 3 Tropfen ätherisches Lavendelöl.

Zubereitung:

Nehmen Sie einfach eine Schüssel, geben Sie drei Esslöffel flüssigen Bio-Wildblütenhonig hinein, fügen Sie 1 Esslöffel Kokosnussöl und 3 Tropfen ätherisches Lavendelöl hinzu. Mit einem Löffel gut umrühren, damit ein cremiges Shampoo entsteht!

Anwendungsprozess:

Stellen Sie sich vor einen Spiegel und binden Sie Ihr Haar auf, falls es in einem Dutt oder Pferdeschwanz steckt. Fangen Sie nun an, Ihr Haar abzuteilen und das Shampoo aufzutragen! Sie können von links nach rechts vorgehen oder sogar in der Mitte beginnen, aber sie müssen die gesamte Mischung systematisch auf ihre Kopfhaut auftragen.

Wenn Ihre gesamte Kopfhaut bedeckt ist, nehmen Sie die restliche Mischung und verteilen Sie diese gleichmäßig über die Länge Ihrer Haare. Sie müssen nicht Ihre gesamte Haarlänge mit der Mischung bedecken! Sie brauchen nur so viel zu verwenden, wie in der Schüssel übriggeblieben ist.

Lassen Sie die Nährstoffe gerne 5-7 Minuten einwirken. Während der Wartezeit können Sie andere Dinge tun. Wenn die Zeit um ist, spülen Sie gründlich mit warmem, dann mit kaltem Wasser ab. Das war's schon. Ihre Kopfhaut wird sich sauber und beruhigt anfühlen, und Ihr Haar wird seidig und glänzend sein.

Ei-Shampoo für fettiges Haar + Haarwachstum

Probieren Sie dieses DIY-Ei-Shampoo-Rezept für sauberes, weiches und glänzendes Haar! Es fördert auch starkes, langes und dickeres Haar!

Dieses DIY-Ei-Shampoo wird verwendet, um die Kopfhaut und Haare blitzsauber zu bekommen. Es hilft Ihnen dabei, die Haare auch schnell zu entwirren, indem Sie einfach mit den Fingern durchgehen. Die Eier pflegen das Haar auf natürliche Weise, entfernen überschüssiges Fett, nähren die Haarfollikel und fördern das Haarwachstum! Ghassoul (Rhassoul) Ton entfernt Schmutz und Fett, Rosmarin fördert die Durchblutung der Kopfhaut und das Haarwachstum, während Zitronen Schuppen bekämpft, antibakteriell wirkt und das Haar frisch duften lässt!

- 1-2 Eier (je nach Haarlänge und -dicke)
- 3 Teelöffel Ghassoul (Rhassoul) Ton,
- 4 Teelöffel Honig,
- 1 Teelöffel Kokosnussöl,
- 60 ml Wasser,
- 7 Tropfen ätherisches Rosmarinöl,
- 3 Tropfen ätherisches Zitronenöl,
- Hochgeschwindigkeitsmixer,
- Sauberer Behälter oder Krug.

Zubereitung:

Alle Zutaten (außer den ätherischen Ölen) in den Mixer geben und etwa 7 Sekunden lang mixen. Sie erhalten eine schaumige Mischung. Fügen Sie nun die ätherischen Öle hinzu und rühren Sie gut um. In ein Gefäß umfüllen und mit unter die Dusche nehmen.

Anwendungsprozess

Befeuchten Sie Ihr Haar. Gießen Sie dann langsam das Eiershampoo auf Ihre Kopfhaut und Strähnen. Beginnen Sie dann, Ihre Kopfhaut und Ihr Haar zu massieren, um Schmutz und Verunreinigungen zu lösen. Lassen Sie es 2 Minuten einwirken und spülen Sie es dann gründlich mit lauwarmem Wasser (NICHT mit heißem Wasser) aus. Wickeln Sie Ihr Haar in ein nicht fusselndes Handtuch. Nach dem Trocknen wird Ihr Haar angenehm duften und seidig weich sein!

Kokosnussmilch-Shampoo für geschädigtes Haar + seidige Locken

Kokosmilch ist ein beliebter Grundstoff in vielen Rezepten für selbst gemachtes Haarshampoo - sie reinigt Haar und Kopfhaut, gleicht den pH-Wert aus, nährt und spendet Feuchtigkeit, pflegt die Haare und beruhigt auch juckende und gereizte Kopfhaut. Pflanzliches Glycerin entfernt Schmutz und Unreinheiten aus dem Haar, verdickt das Shampoo und schließt die Feuchtigkeit im Haar ein. Olivenöl ist das beste Öl für geschädigtes Haar, es ist reich an antioxidativem Vitamin E und fettet trockenes Haar. Das ätherische Öl der Geranie nährt und pflegt das Haar und verleiht diesem selbst gemachten Shampoo einen himmlischen Duft.

Zutaten

- 1/2 Dose Kokosnussmilch
- 2 Esslöffel pflanzliches Glyzerin
- 2 Teelöffel Olivenöl
- 5 Geranium Öl
- Anwendung Flasche

Zubereitung:

Alle Zutaten, außer dem Geranien Öl in einen Mixer geben und 5 Sekunden lang mixen. In eine Flasche füllen, das Geranien Öl hinzufügen und gut schütteln. Ihr Kokosnussmilch-Shampoo ist fertig!

Anwendungsprozess

Tragen Sie das Shampoo zunächst auf die gesamte, trockene Kopfhaut auf, indem Sie eine kleine Menge mit einer Flasche auftragen und einmassieren, um den Schmutz zu lösen. Nachdem die gesamte Kopfhaut bedeckt ist, gehen Sie zu Ihren Haaren über.

Stellen Sie sich über das Waschbecken und gießen Sie langsam nach und nach etwas aus der Flasche, um Ihre Haare einzuweichen. Wringen Sie anschließend Ihr Haar aus, um die überschüssige Flüssigkeit zu entfernen, und binden Sie es mit einer Spange zusammen.

Lassen Sie alles etwa 2 Minuten lang einwirken, um Schmutz und Fett zu lösen. Nach 5 Minuten spülen Sie Ihr Haar zunächst mit warmem Wasser gründlich aus und schließen es dann mit kaltem Wasser ab. Wringen Sie Ihr Haar aus und wickeln Sie es in ein nicht fusselndes Handtuch. Im

Kühlschrank ist das Shampoo bis zu 3 Tage haltbar. Wenn es unangenehm riecht, sollte es nicht mehr verwendet werden.

Trockenshampoo

Dieses selbst gemachte Trockenshampoo kombiniert Ölabsorbierende Pulver und ätherische Öle, die auf deinen Haartyp abgestimmt sind, um ihr Haar in einem Top-Zustand zu halten, auch wenn sie es eine Weile nicht gewaschen haben.

Maisstärke absorbiert hervorragend Feuchtigkeit und saugt das überschüssige Öl aus dem Haar. Außerdem wirkt es entzündungshemmend, was gereizte Kopfhaut beruhigen kann.

Pfeilwurz ist für empfindliche Haut geeignet und macht die Kopfhaut weich, was bei der Bekämpfung von Schuppen durch sanfte Peelings helfen kann.

Natron ist antiseptisch, ein natürliches Desodorierungsmittel, hilft bei der Behandlung von Schuppen und gleicht den pH-Wert aus, was gereizte Haut verbessert.

Marokkanische Lavaerde ist sanft für alle Kopfhauttypen geeignet und ideal für die tägliche Anwendung. Sie spendet

Feuchtigkeit und ist reich an Kieselerde, Magnesium und Spurenelementen. Sie ist nicht austrocknend.

Pfefferminzöl ist antiseptisch und ein hervorragendes Mittel gegen Läuse. Außerdem kühlt es die Kopfhaut und hinterlässt einen frischen Geruch.

Eukalyptus oder Zitroneneukalyptusöl ist stark antiseptisch und ein natürliches Desodorierungsmittel.

Ätherisches Lavendelöl und ätherisches Rosmarinöl fördern das Haarwachstum und haben starke antiseptische Eigenschaften.

Trockenshampoo selber machen

Version für helles Haar

Zutaten

- 2 Esslöffel Speisestärke,
- 2 Esslöffel Pfeilwurzel,
- 1 Esslöffel Natriumbikarbonat,
- 10 Tropfen ätherisches Pfefferminzöl,
- 6 Tropfen ätherisches Zitronen-Eukalyptusöl (oder 3 Tropfen Eukalyptusöl und 3 Tropfen Zitronenöl).

Version für dunkles Haar

Zutaten:

- 2 Esslöffel Speisestärke
- 1 Esslöffel Pfeilwurzel
- 2 Esslöffel Kakaopulver
- 2 Esslöffel marokkanische Lavaerde
- 1 Esslöffel Natriumbikarbonat
- 6 Tropfen ätherisches Lavendelöl
- 6 Tropfen ätherisches Rosmarinöl

Methode

Geben Sie die ätherischen Öle zu den trockenen Zutaten und mischen Sie diese. Am besten verwenden Sie ein Sieb, um die trockenen Zutaten hinzuzufügen.

Bewahren Sie die Pulvermischung in einem kleinen Glasgefäß auf oder verwenden Sie einen alten Pulverbehälter wieder.

Anwendung

Schütteln Sie etwas DIY-Trockenshampoo in die Handflächen und reiben Sie es in den Haaransatz oder in die fettigen Haarpartien ein. Halten Sie Ihren Kopf über die

Badewanne oder Dusche gebeugt, um ein Durcheinander zu vermeiden.

Lassen Sie es 2 Minuten einwirken, damit das Pulver überschüssiges Öl und Feuchtigkeit aufnehmen kann. Kämmen Sie dann durch Ihr Haar und stylen Sie es wie gewohnt. Kontrollieren Sie Ihren Hals, Ihr Gesicht und Ihre Kleidung, bevor Sie das Haus verlassen und entfernen Sie überschüssige, sichtbare Puder.

Trockenshampoo aus Maisstärke

Es gibt viele Substanzen, die Sie als Grundlage für ein selbst gemachtes Trockenshampoo verwenden können. Sie können gemahlene Haferflocken, Pfeilwurzelpulver und eine Vielzahl anderer feiner, saugfähiger Pulver verwenden. Bio-Maisstärke ist sehr gebräuchlich, da sie leicht zu finden ist.

Zutaten

- 125ml Bio-Maisstärke.

Optionale Zusätze

- 3-4 Tropfen ätherisches Öl für den Duft,
- 2 Esslöffel ungesüßtes Kakaopulver - für Menschen mit dunklerem Haar,
- 2 Esslöffel Zimt - für Menschen mit rotem oder kastanienbraunem Haar.

Zubereitung

Vermischen Sie alle Zutaten gut miteinander und bewahren Sie Ihr selbst gemachtes Trockenshampoo in einem Behälter Ihrer Wahl auf. Einige gute Möglichkeiten sind ein Einmachglas mit Löchern im Deckel (die Methode, die ich verwendet habe), ein großer, unbenutzter Salzstreuer oder ein recycelter Behälter für Parmesankäse.

HAARSPÜLUNG

Essig-Ei-Spülung
Zutaten

- 2-3 Eier,
- 1 1/2 Esslöffel Olivenöl,
- 1 Esslöffel Honig,
- 1 Esslöffel Essig
- 2 Esslöffel Zitronensaft.

Zubereitung:

Zwei bis drei Eier verquirlen und einen Esslöffel Essig und zwei Teelöffel Zitronensaft dazugeben. Gut mischen. Fügen Sie etwa eineinhalb Teelöffel Olivenöl und einen Esslöffel Honig hinzu. Alles in einem Mixer gut vermischen und eine dicke Paste herstellen.

Tragen Sie die Paste auf Ihre Haarspitzen auf und lassen Sie diese etwa 10-15 Minuten einwirken, bevor Sie Ihre Haare mit Wasser ausspülen. Das Ei wirkt wie eine wirksame Spülung und verleiht dem Haar Glanz. Olivenöl ist ein wunderbares Elixier, um Ihr Haar zu stärken. Honig versorgt das Haar mit Feuchtigkeit, und Essig wirkt gegen Haarausfall.

Wenn Sie diese Produkte regelmäßig anwenden, werden Ihre Haare kräftiger und gesünder. Im Kühlschrank ist es bis 3 Tage lang haltbar. Wenn es unangenehm riecht, sollte es nicht mehr verwendet werden.

Kokosnussöl-Honig-Spülung

Zutaten

- 1 Esslöffel Kokosnussöl
- 1 Esslöffel Honig
- 1 Esslöffel Zitronensaft
- 2 Esslöffel Quark
- 1 Teelöffel Rosenwasser

Zubereitung:

Mischen Sie alles gut und tragen Sie es auf Ihr shampooniertes Haar auf. Lassen Sie diese etwa 10-15 Minuten einwirken und spülen Sie ihr Haar mit fließendem Wasser ab. Kokosnussöl macht Ihr Haar nicht nur geschmeidig und weich, sondern lässt es auch länger und dicker wachsen. Die im Kokosöl enthaltenen essenziellen Mineralien und Fettsäuren nähren die Kopfhaut gut. Die Haltbarkeit beträgt maximal 1 Monat.

Apfelessig-Spülung

Zutaten

- 2 Esslöffel Apfelessig
- 1 Esslöffel Honig und
- 5 dl Wasser
- eine Schüssel.

Zubereitung:

Mischen Sie alle Zutaten gut. Nachdem Sie Ihr Haar gewaschen haben, gießen Sie diese Lösung auf Ihre Haarspitzen. Spülen Sie es nicht weiter aus. Die Zugabe von Wasser ist ein wichtiger Schritt, um den Essig zu verdünnen. Die Essigsäure im Apfelessig trägt dazu bei, das Haar zu glätten. Gelagert hält es sich maximal 1 Monat.

Joghurt-Haarspülung

Zutaten

- eine Schüssel
- 1 Ei
- 6 Esslöffel Joghurt

Zubereitung:

Nehmen Sie eine Schüssel und schlagen Sie ein Ei darin auf. Fügen Sie etwa sechs Esslöffel Joghurt hinzu und vermischen Sie die Zutaten gut. Massieren Sie die Mischung in Ihr Haar ein und halten Sie es bedeckt.

Lassen Sie diese etwa 15-30 Minuten einwirken, bevor Sie es mit normalem Wasser auswaschen. Joghurt ist eine einfache Lösung, da er Proteine und Milchsäure enthält, die zur Reinigung der Kopfhaut beitragen. Bewahren Sie die Mischung bis zu 3 Tage im Kühlschrank auf. Wenn es unangenehm riecht, nicht mehr verwenden.

HAARBEHANDLUNGEN

Heiße Öl-Haarkur.

Eine Behandlung mit heißem Öl kann in nur wenigen Minuten durchgeführt werden, indem Sie einige Esslöffel Olivenöl erwärmen und dann in die Kopfhaut und die Haarspitzen einmassieren.

Waschen Sie zunächst Ihr Haar. Heißes Öl wirkt am besten auf sauberem Haar.

Sobald Sie Ihr Haar gewaschen haben, erhitzen Sie 3 bis 6 Esslöffel des Öls in einer mikrowellengeeigneten Schüssel für 10 Sekunden in der Mikrowelle.

Bevor Sie das Öl auf Ihr feuchtes Haar und Ihre Kopfhaut auftragen, testen Sie eine kleine Menge des Öls an Ihrem Handgelenk, um sicherzustellen, dass es nicht zu heiß ist.

Legen Sie zum Schutz Ihrer Kleidung ein Handtuch über Ihre Schultern. Wenn Sie möchten, können Sie das Öl auch unter der Dusche auftragen.

Fahren Sie mit einer Bürste durch Ihr Haar, um eventuelle Knoten zu entfernen.

Verteilen Sie das Öl gleichmäßig im Haar und massieren Sie es in Ihre Kopfhaut ein.

Decken Sie Ihren Kopf mit einer Duschhaube ab und warten Sie bis zu 20 Minuten.

Nach 20 Minuten spülen Sie das Öl vollständig aus dem Haar aus und verwenden Sie anschließend Ihre normale Haarspülung.

Honig-Haar-Maske

Dies ist super einfach und wird Ihr Haar weich und geschmeidig machen. Massieren Sie einfach Honig in Ihr Haar ein, von der Kopfhaut bis zu den Spitzen und lassen Sie diese für ein paar Minuten einwirken.

Beginnen Sie mit sauberem, feuchtem Haar.

Geben Sie 125 ml Honig und 70 ml Olivenöl in eine Schüssel und rühren Sie die Mischung gut um. Erhitzen Sie die Mischung für 20 Sekunden in der Mikrowelle.

Sobald sie erhitzt ist, rühren Sie die Mischung erneut mit einem Löffel um.

Lassen Sie die Mischung abkühlen (sie sollte leicht warm sein, nicht heiß) und arbeiten Sie diese mit den Fingern oder einem kleinen Pinsel in Ihr Haar ein. Beginnen Sie an der Kopfhaut und arbeiten Sie sich bis zu den Spitzen vor.

Massieren Sie Ihre Kopfhaut sanft mit den Fingerspitzen in kreisenden Bewegungen.

Setzen Sie eine Kappe auf Ihr Haar, damit die feuchtigkeitsspendenden Inhaltsstoffe besser einziehen können.

Lassen Sie die Maske für 30 Minuten einwirken.

Spülen Sie die Maske aus dem Haar und waschen Sie es wie gewohnt, um sicherzustellen, dass alle Inhaltsstoffe entfernt wurden.

Bananen-Haarkur

Zutaten

- 1 Banane,
- 3 Esslöffel Honig,
- 3 Esslöffel Milch,
- 3 Esslöffel Olivenöl
- 1 Ei

Zubereitung:

Alle diese Zutaten gut vermischen und eine Paste herstellen. Tragen Sie die Paste auf das Haar auf, lassen Sie diese 15-30 Minuten einwirken und waschen Sie ihre Haare dann aus. Banane als Zutat ist eine der besten Haarspülungen, die vorteilhaft für Haarschäden sind und wirkt Wunder für Menschen mit rauem und krausem Haar.

Rosmarin-Shampoo, Ölbehandlung und Essigspülung.

Rosmarin ist eines der besten Kräuter für die Haarpflege. Geben Sie einige Tropfen ätherisches Rosmarinöl in Ihr Shampoo für die tägliche Anwendung. Oder geben Sie 6 Tropfen ätherisches Rosmarinöl in die oben beschriebene Haarkur mit heißem Öl.

Für eine Rosmarin-Haarspülung mischen Sie 2 Esslöffel getrocknete Rosmarinblätter mit einem Liter Wasser, bringen Sie es zum Kochen, decken es ab und schalten den Herd aus. Nach 30 Minuten absieben und als Spülung auf das saubere, nasse Haar geben. Ausspülen ist nicht erforderlich.

Essigspülung herstellen

Mischen Sie 59 ml Apfelessig mit 250 ml Wasser. Nach der Haarwäsche die Apfelessigmischung über das Haar gießen und in die Kopfhaut einmassieren. Mit warmem Wasser ausspülen.

Bewahren Sie eine solche Mischung in einer Flasche in der Dusche auf, damit Sie sie jederzeit verwenden können, ohne sie anrühren zu müssen.

Minz-Tonikum

Dieses Minz-Haartonikum stimuliert die Kopfhaut. Verwenden Sie es vor der Haarwäsche.

Mischen Sie in einem Kochtopf 3 Esslöffel getrocknete Minze, 250 ml Wasser und 125 ml Essig. 5 Minuten lang köcheln lassen. Dann abkühlen lassen. Abseihen und in die Kopfhaut einmassieren. 10 Minuten einwirken lassen, dann wie gewohnt shampoonieren.

Mayonnaise-Spülungskur

Mayonnaise ist eine ausgezeichnete Wahl für die Pflege von trockenem Haar. Massieren Sie die Mayonnaise in das Haar ein. Decken Sie das Haar mit einer Duschhaube oder einer Plastiktüte ab. Lassen Sie die Mayonnaise 30 Minuten lang auf dem Haar. Mit warmem Wasser und Shampoo ausspülen. Anschließend mit einer Essigspülung nachspülen, um Restfett zu entfernen.

Avocado-Haarmaske

Avocado spendet dem Haar Feuchtigkeit. Sie sind die perfekte natürliche Behandlung, um krauses oder trockenes Haar zu beruhigen. Einfach eine Avocado zerdrücken und ins Haar einmassieren. Wickeln Sie das Haar für etwa 10 Minuten in ein Handtuch oder eine Duschhaube ein.

Kokosnussöl-Haarmaske

Mischen Sie einfach 3 Tropfen ätherisches Lavendelöl mit 3 Esslöffeln Kokosnussöl. Auf das Haar auftragen, abdecken und 20 Minuten einwirken lassen.

GESICHTSCREME

Feuchtigkeitsspendende Gesichtscreme
Zutaten:

- 60 ml Bio-Olivenöl
- 60 ml biologisches Süßmandelöl
- 60 ml Bio-Traubenkernöl
- 25 ml Bio-Kokosnussöl
- 25 g Bienenwachspastillen (für eine vegane Version, verwenden Sie Carnaubawachs)
- 250 ml Bio-Hydrosol Ihrer Wahl (Rosenhydrosol hat einen herrlichen Duft)
- 125 ml Bio-Aloe-Vera-Gel
- 1/4 Teelöffel Vitamin-E-Öl (eine durchstochene Kapsel sollte perfekt sein)
- 8-15 Tropfen ätherisches Öl (Lavendel, Rose, Orange oder Sandelholz eignen sich gut)

Zubereitung Variante 1:

Mischen Sie die Öle in einem Edelstahl- oder Glastopf und erwärmen Sie sie bei sehr geringer Hitze; die Öle sollten durchwärmt werden, aber nicht richtig heiß werden.

Erhitzen Sie die Wachspastillen in einem anderen Topf oder Doppelkessel, ebenfalls bei niedriger Hitze, bis sie vollständig geschmolzen sind.

Nehmen Sie Ihr Hydrosol und das Aloe-Vera-Gel und vermischen Sie sie vorsichtig in einer Schüssel. Dazu kann in der Regel ein kleiner Schneebesen benutzt werden. Achten Sie aber darauf, dass Sie sie nicht aufschlagen, sondern nur langsam miteinander verrühren.

Wenn Sie einen Wasserbadkessel haben, erwärmen Sie ihn auf niedriger Stufe, um ihn für den letzten Schritt vorzubereiten. Wenn Sie keinen haben, können Sie ein sauberes, dickes Glas in einen hitzebeständigen Topf stellen, der mit so viel Wasser gefüllt ist, dass das Glas bis zur Hälfte gefüllt ist.

Da dies eine ziemlich große Menge an Creme ergibt, sollten Sie mehrere saubere Gläser und Deckel bereithalten. Sie können ausgekochte Babygläser oder auch kleinere Kosmetikdosen mit Deckel verwenden.

Zubereitung Variante 2:

Nehmen Sie die Hälfte der erwärmten Ölmischung und geben Sie sie in den vorgeheizten Doppelkessel. Fügen Sie etwa 1/4 des geschmolzenen Wachses hinzu und rühren Sie vorsichtig um. Diese Mischung sollte ganz flüssig sein. Wenn Sie also feststellen, dass das Wachs anfängt zu härten oder zu gerinnen, ist das Wasser im unteren Teil des Doppelkessels nicht warm genug: Erhöhen Sie die Hitze ein wenig und rühren Sie sanft, bis alles wieder flüssig ist.

Kombinieren Sie in einem Standmixer oder einer Küchenmaschine etwa eine 175 ml der Hydrolat/Aloe-Mischung mit dem Vitamin-E-Öl und dem ätherischen Öl Ihrer Wahl.

Beachten Sie, dass Sie keine ätherischen Öle hinzufügen müssen, wenn Sie eine duftstofffreie Creme bevorzugen.

Wenn Sie einen Standmixer verwenden, nehmen Sie den Deckel ab, schalten Sie den Mixer auf niedrige Stufe und gießen Sie die erwärmte Öl-Wachs-Mischung langsam in die Mitte der sich drehenden Mischung darunter, wobei Sie besonders darauf achten müssen, dass Sie sie in einem gleichmäßigen, langsamen, dünnen Strahl einfüllen. Dadurch wird sichergestellt, dass die Zutaten gleichmäßig emulgieren und nicht verklumpen. Wenn Sie eine

Küchenmaschine verwenden, teilen Sie die erwärmte Ölmischung in zwei Hälften und bitten Sie einen Freund oder eine Freundin, sich auf die andere Seite zu stellen und langsam und gleichmäßig zu gießen, während Sie es tun.

Die Creme sieht etwas seltsam aus, bis sie anfängt einzudicken, aber das Geräusch, das die Klingen des Mixers machen, wird leiser, wenn die Zutaten dicker und cremiger werden. Schalten Sie das Gerät aus und schaben Sie mit dem Spatel im Inneren des Mixers/der Küchenmaschine und um die Klingen herum. Dadurch werden alle verirrten Teile aufgesammelt und alles gut vermischt. Sobald Sie dies getan haben, vermischen alles ein letztes Mal.

Verwenden Sie den Spatel und die Löffel, um die Creme in die Gläser umzufüllen. Verwenden Sie den Spatel, um auch die letzten Reste aus den Ecken und Winkeln herauszuholen, aber verwenden Sie die Löffel, um die Creme tatsächlich in die Gläser zu füllen, da Sie so eine bessere Kontrolle haben. Beschriften Sie die Gläser deutlich mit dem Datum, an dem Sie sie hergestellt haben, und dem verwendeten Duft. Wenn Sie die Gläser gekühlt aufbewahren, können sie bis zu einem Jahr haltbar sein. Wenn Sie bemerken, dass der Inhalt nicht gut riecht, oder wenn Sie Schimmel auf der Creme sehen, werfen Sie sie sofort weg.

Süßorange Toner - für alle Hauttypen

Ein erfrischender Muntermacher. Das Süßorangen- und Blütenwasser hilft, Giftstoffe aus der Haut zu entfernen und fördert die Kollagenbildung, um die Haut zu straffen.

Zutaten:

- 35g Quellwasser
- 3 g Glyzerin
- 15 g Aloe Vera
- 40 g Orangenblütenwasser
- 0,5g Konservierungsmittel (optional)
- 5 Tropfen ätherisches Süßorangenöl
- 0,5 g Xanthangummi (etwas weniger ist gut)
- 4 Fläschchen

Zubereitung:

Wenn Sie kein Xanthan verwenden, können Sie einfach alle Zutaten miteinander vermischen und dann in die Flasche Ihrer Wahl füllen. Sobald sich der Toner in der Flasche befindet (mit aufgesetztem Deckel), schütteln Sie ihn kräftig und genießen die Frische auf Ihrer Haut.

Zubereitung mit Xanthan:

Gießen Sie das Quellwasser in ein hitzebeständiges Gefäß und streuen Sie dann das Xanthan ein. Wenn es zu klumpen beginnt, drücken Sie die Klumpen gegen den Rand des Behälters, um sie zu zerstreuen.

Wenn das Xanthan im Wasser weicher wird, lösen sich die Klumpen nach und nach auf und verschwinden. Wenn Sie feststellen, dass es zu lange dauert, bis sich die Klumpen auflösen, können Sie den Prozess beschleunigen, indem Sie das Produkt in Wasser mit Badetemperatur stellen. Wenn sich kleine Klumpen nicht vollständig auflösen, ist das nicht allzu schlimm, da sie auch nach dem Einfüllen in die Flasche weiter weich werden und sich auflösen.

Alle übrigen Zutaten (einschließlich des Konservierungsmittels, falls verwendet) in einen separaten Behälter geben und gut vermischen.

Wenn Sie die Xanthan-Wasser-Mischung erwärmt haben, lassen Sie diese abkühlen, bevor Sie die Zutaten aus dem anderen Behälter dazugeben, und mischen Sie das Ganze gut durch.

Die Dicke des selbstgemachten Hautwassers ist eine Frage der persönlichen Vorliebe, denn viele Menschen mögen es eher ein wenig gelartig. Wenn es jedoch zu dick ist, fügen Sie mehr Quell- oder Blumenwasser hinzu (siehe Rezept unten), bis Sie eine Konsistenz erreichen, mit der Sie zufrieden sind. Füllen Sie dann das fertige Gesichtswasser in die Flasche.

GESICHTSWASSER FÜR KLARE HAUT

Zutaten:

- 53g Hamamelis-Hydrosol (alkoholfrei)
- 30 g destilliertes Wasser
- 10g Aloe Vera Gel oder Saft
- 4g Lösungsvermittler
- 1g Allantoin-Pulver
- 0,35 g ätherisches Lavendelöl
- 0,35 g ätherisches Öl der römischen Kamille
- 0,20 g ätherisches Süßorangenöl
- 1g Konservierungsmittel

Zubereitung:

Wiegen Sie Ihr Hamamelis-Hydrosol in einem Glasbecher ab. Anschließend wiegen Sie Ihr destilliertes Wasser ab. Sie können denselben Becher verwenden, indem Sie die Taste „Tare" auf Ihrer Digitalwaage drücken. Wenn möglich, sollten Sie dies mit jeder Zutat tun, um Geräte und Reinigungsaufwand zu sparen.

Geben Sie das Aloe-Vera-Gel hinzu und rühren Sie es gut um. Wenn Sie mehr Gel als Saft verwenden, sollten Sie einen Schneebesen benutzen, da das Gel recht dickflüssig sein kann und sich nur schwer in Ihrem Hydrolat und destillierten Wasser verteilen lässt.

Fügen Sie nun das Allantoinpulver hinzu. Es ist sehr wichtig, dass Allantoinpulver nach dem Aloe-Vera-Gel hinzuzufügen. Wenn Sie es andersrum machen, kann es sein, dass sich die Partikel des Allantoinpulvers mit der Aloe verbinden und sich nicht vollständig auflösen. Es sieht dann so aus wie Klumpen bei abgelaufener Milch.

Vergewissern Sie sich, dass Sie die Mischung gut umrühren, damit sich das Pulver vollständig in Ihrem Hydrosol, dem destillierten Wasser und der Aloe Vera verteilt.

Mischen Sie die ätherischen Öle und den Lösungsvermittler in einem separaten Becherglas (Sie können auch ein kleines Glasgefäß anstelle eines Becherglases verwenden). Mischen Sie dies so gründlich wie möglich.

Nun müssen wir die Mischung aus ätherischem Öl und Lösungsvermittler zu unseren Hydrolaten und aktiven Pflanzenstoffen geben. Dazu können Sie die Mischung einfach mit einem Löffel in Ihr Becherglas geben. Lösungsvermittler neigen jedoch dazu, etwas klebrig zu sein. Wenn Sie also noch etwas im zweiten Becher übrighaben, gießen Sie etwas von Ihrem Hydrolat hinein, mischen Sie es gründlich und gießen Sie alles zurück in Ihren Hauptbecher.

Vergewissern Sie sich, dass Sie alles gründlich vermischen, damit es vollständig dispergiert ist.

Geben Sie Ihr Konservierungsmittel in das Becherglas.

Füllen Sie es in die Flasche Ihrer Wahl um. Eine Sprühflasche funktioniert sehr gut, vor allem, wenn Sie das Produkt sowohl als tonisierenden Nebel als auch als normales Gesichtswasser für einen kleinen Muntermacher in der Mittagspause verwenden wollen.

Ansonsten eignen sich Standardflaschen aus Glas oder PET-Plastik. Wenn das Glas oder Plastik durchsichtig ist, sollte es vor direktem Sonnenlicht geschützt sein. Mit einem Konservierungsmittel sollte Ihr Naturtoner etwa 6 Monate haltbar sein.

Lebendiger & farbenfroher-Gel-Lidschatten

Zutaten:

- 14 Gramm Aloe Vera Gel
- 3 g Glimmerpulver (beliebige Farbe)
- 1 10ml Lipgloss-Tube (mit Spritze)
- Digitale Waage
- Glas-Mischbecher
- Rührer

Zubereitung:

Das Aloe-Vera-Gel in einen Mischbecher geben. Wiegen Sie den Glimmer ab und fügen Sie ihn hinzu.

Umrühren, bis alles gut vermischt ist. Der Glimmer wird sich nicht auflösen, aber er wird sich vollständig einmischen. Überprüfen Sie dann die Farbe an der Innenseite Ihres Handgelenks und passen Sie diese gegebenenfalls an.

Benutzen Sie eine Spritze oder einen kleinen Trichter, um den Lipgloss in die Tube zu füllen. Fügen Sie dazu ein wenig in die Tube, klopfen Sie dann ein paar Mal auf die Oberfläche und wiederholen Sie den Vorgang. Füllen Sie die Tube etwas mehr als drei Viertel voll, sodass Sie den Deckel mit dem Applikator in die Tube stecken können, ohne dass sie überläuft. Schütteln Sie das Gel vor Gebrauch gut durch.

Lidschatten

Zutaten:

- 11,5 g Zinkoxid
- 2,7 g Magnesiumstearat
- 3,3 g Sericite-Glimmer
- 1,3 g weiße Kaolin-Tonerde
- 75 ml Kosmetik Topf (zur Aufbewahrung der Basis)
- Glimmer Pulver (verschiedene Farben Ihrer Wahl, zum Mischen Ihrer Farbtöne)
- Oxid Pulver (verschiedene Farben Ihrer Wahl, zum Mischen Ihrer Farbtöne)
- Lidschatten-Töpfchen
- Kaffeemühle/Gewürzmühle
- Rührgerät
- Glas-Mischbecher

83

Zubereitung:

Geben Sie Zinkoxid, Magnesiumstearat, Sericit Glimmer und Kaolin-Ton in die Kaffeemühle und lassen Sie diese etwa 30 Sekunden lang laufen.

Gießen Sie diese Mischung in einen Behälter mit Deckel. Dies ist die Grundlage für Ihren Lidschatten und kann gut 6 Monate aufbewahrt werden.

Nehmen Sie einen kleinen Messlöffel (ca. ¼ Teelöffel) der soeben hergestellten Basis und geben Sie ihn in ein Gefäß.

Fügen Sie 2-4 kleine Messlöffel (ca. ¼ Teelöffel pro Messlöffel) Glimmer zu Ihrer Basis hinzu und rühren Sie sie um. Sie können nur eine Farbe des Glimmers verwenden oder mehrere Farben mischen, um Ihren bevorzugten Farbton zu erhalten.

Gießen Sie die Mischung in die Kaffeemühle und geben Sie ihr noch einen kleinen Stoß für etwa 15 Sekunden. Überprüfen Sie Ihren Farbton und fügen Sie bei Bedarf mehr Glimmer hinzu.

Füllen Sie Ihren Lidschatten in ein kleines Gefäß (wie ein Kosmetiktopf) oder einen Siebträger mit Deckel um. Er ist nun einsatzbereit.

LIPGLOSS

Zutaten:

- 16 g Rizinusöl
- 10 g Olivenöl
- 6 g Kokosnussöl
- 3 g Bienenwachs
- 4 g Flüssiglecithin
- 1 g Vitamin-E-Öl
- Rotes Oxid (genug, um den Glanz zu färben)
- Glimmer Pulver (genug, um dem Pigment ein wenig Glanz zu verleihen)
- 4x 10ml-Lipgloss-Tuben (mit Spritze)
- Hitzebeständiger Krug
- Kochtopf
- Digitale Waage

Zubereitung:

Beginnen Sie mit der Herstellung Ihres selbstgemachten Lipgloss, indem Sie das Rizinus-, Oliven-, Kokosnussöl und das Bienenwachs in einem hitzebeständigen Behälter abwiegen.

Stellen Sie den Behälter mit den Ölen zum Schmelzen in ein Wasserbad. Sie können dies tun, indem Sie einen Topf mit etwas Wasser füllen und es zum Kochen bringen. Reduzieren Sie die Hitze und stellen Sie den Behälter in das Wasser. Lassen Sie das Wasser weiter köcheln, bis sowohl das Wachs als auch das Kokosnussöl geschmolzen sind.

Sobald die Öle geschmolzen sind, nehmen Sie diese vom Herd zum Abkühlen. Dabei sollte es während des Abkühlprozesses stetig gerührt werden.

Wenn die Öle abkühlen, werden sie allmählich undurchsichtiger. Sobald dies geschieht, ist es Zeit, das Lecithin einzurühren. Sie fragen sich vielleicht, warum Sie dieses in der Abkühlphase und nicht in der Erhitzungsphase hinzufügen. Das liegt daran:

Lecithin kann sich manchmal trennen, wenn es überhitzt wird. Lecithin muss nicht erhitzt werden, es sei denn, es wird als Emulgator verwendet.

Wenn der Lipgloss auf unter 40 °C abkühlt, können wir das Vitamin E einrühren.

Wenn Sie mit der Farbe zufrieden sind, fügen Sie ein paar Tropfen ätherisches Öl oder Aroma hinzu.

Jetzt kommt der spaßige Teil, das Erstellen der Farbe! Egal, ob Sie ein Oxid, Glimmer oder eine Mischung aus beidem verwenden, Sie werden nur kleine Mengen benötigen.

Denken Sie daran, dass Sie immer mehr hinzufügen können, aber nichts herausnehmen können.

Wenn der Lipgloss vollständig abgekühlt ist, können Sie ihn in einen Lipgloss-Stabsbehälter oder in Tuben umfüllen und verwenden.

Da dieses Lipgloss-Rezept kein Wasser enthält, müssen Sie sich keine Gedanken über ein Konservierungsmittel machen. Diese Creme kann bis zu einem Jahr halten.

AUGENCREME

Sheabutter-Augencreme

Zutaten:

- 7 Teelöffel Bio-Nachtkerzenöl
- 1 Teelöffel Bio-Sheabutter
- 1 Teelöffel Kamillenhydrosol
- 1 Teelöffel weiße Bienenwachskügelchen
- 4 Tropfen Grüntee-Extrakt OPTIONAL
- 4 Tropfen Grapefruitkernextrakt

Zubereitung:

Geben Sie das weiße Bienenwachs, die Sheabutter, das Öl und das Hydrosol in einen Doppelkessel oder eine mit Wasser gefüllte Aluminiumschüssel bei niedriger bis mittlerer Hitze. Warten Sie, bis alles geschmolzen ist.

Vom Herd nehmen und sofort mit einem manuellen Schneebesen verrühren, bis sich die Creme zu bilden beginnt und eine cremige Konsistenz erreicht hat. Wenn es in Ihrer Küche heiß ist, stellen Sie den Wasserbadkessel in einen mit kaltem Wasser gefüllten Topf. Der Spatel muss Spuren in der

Creme hinterlassen. Falls gewünscht, das Grüntee-Extraktpulver hinzufügen und gut verrühren.

Fügen Sie den Grapefruitkernextrakt hinzu, mischen Sie gut.

Sie können diese Creme nachts auf die Augenpartie auftragen, vor dem Schlafengehen wie eine kalte Creme oder am Morgen.

Da sie kein Wasser enthält, kann diese bis zu einem Jahr lang verwenden werden. Das bedeutet auch, dass wir keine Konservierungsmittel brauchen!

Holunderblüten-Augencreme
Zutaten:

- 1 Esslöffel (14 ml) Arganöl mit Holunderblüten (3 Esslöffel (14 g) getrocknete Holunderblüten plus 75 ml Arganöl)
- 1 Esslöffel (14 ml) Mango Butter
- 14 g Bienenwachs, gerieben oder in Pastillenform
- 1 Esslöffel (14 ml) Hagebuttenkernöl
- 10 Tropfen ätherisches Weihrauchöl
- 1 ½ Esslöffel (22 ml) destilliertes Wasser

Zubereitung:

Für das Arganöl mit Holunderblüten 3 Esslöffel getrocknete Holunderblüten in ein 250-ml-Glas geben. Die Blüten im Glas mit 5 Esslöffeln (75 ml) Arganöl bedecken. Legen Sie einen Deckel auf das Glas, aber verschließen Sie es nicht. Lassen Sie Platz, damit der sich aufbauende Druck entweichen kann. Geben Sie 2 Zoll (ca. 51 mm) Wasser auf den Boden des Topfes.

Schalten Sie den Topf auf die niedrigste Stufe. Lassen Sie das Arganöl und die Holunderblüten 2 Stunden lang köcheln. Halten Sie die Temperatur nach Möglichkeit unter 46 °C. Hilfreich ist dabei zum Beispiel ein Wasserkocher mit einstellbarer Temperatur. Schalten Sie den Herd aus. Nehmen Sie das Glas aus dem Topf und stellen Sie es auf den Küchentisch. Lassen Sie das Glas auf natürliche Weise auf Raumtemperatur runterkühlen.

Das aufgegossene Arganöl abseihen und das Öl aufbewahren. Pressen Sie das Pflanzenmaterial durch eine Kartoffelpresse, um den letzten Rest des Öls zu erhalten. Das Öl, das sich neben dem Pflanzenmaterial befindet, ist am reichhaltigsten an Antioxidantien und nützlichen Eigenschaften, daher sollten Sie so viel davon wie möglich aufbewahren. Entsorgen Sie die verbrauchten Holunderblüten. Sie können kompostiert werden.

Messen Sie 1 Esslöffel des Arganöls ab, das Sie für dieses Rezept benötigen, und stellen Sie das restliche Arganöl für eine andere Verwendung beiseite. Geben Sie das abgemessene Arganöl mit Holunderblüten, die Mango Butter und das Bienenwachs in ein hitzebeständiges Glas oder einen Behälter. Stellen Sie das Gefäß in Ihren Kochtopf und geben Sie 2,5 bis 5 cm heißes Wasser in den Boden. Auf niedriger Stufe erhitzen, bis das Bienenwachs geschmolzen ist. Die Temperatur sollte ca. 68 °C nicht überschreiten.

Sobald das Wachs geschmolzen ist, vom Herd nehmen und das Hagebuttenkernöl einrühren. Die Mischung auf etwa 29 bis 35 °C abkühlen lassen. Fügen Sie das ätherische Weihrauchöl hinzu.

In einem kleinen Topf das Wasser leicht erwärmen, bis es die gleiche Temperatur wie das Öl hat. Für eine gelungene Emulsion müssen die Temperaturen von Öl und Wasser innerhalb von etwa 3 Grad Celsius liegen.

Geben Sie die warme Ölmischung in eine Schüssel. Mit einem Handmixer oder einem Stabmixer beginnen Sie, die warmen Öle zu verquirlen. Träufeln Sie das Wasser langsam und tropfenweise in die Ölmischung, während Sie sie weiter schlagen. Dieser Schritt kann etwa eine Minute in Anspruch nehmen. Schlagen Sie 5 bis 10 Minuten lang, oder bis die Mischung beginnt, wie Schlagsahne auszusehen.

Füllen Sie die fertige Augencreme in ein Glasgefäß. Wenn Sie kein Konservierungsmittel hinzugefügt haben, bewahren Sie die Creme im Kühlschrank auf und verwenden Sie sie innerhalb von 2 Wochen.

Augencreme gegen geschwollene Augen und dunkle Ringe

Zutaten:

- 4 Esslöffel Bio-Kaffee, frisch gemahlen
- 150 ml Hagebuttenkernöl

Zubereitung:

Den gemahlenen Kaffee in ein 250 ml großes Gewürzglas geben. Bedecken Sie den Kaffee mit Hagebuttenkernöl, bis er vollständig bedeckt ist.

Verschließen Sie das Glas fest. Schütteln Sie das Glas, um das Öl gleichmäßig im Kaffee zu verteilen. Falls erforderlich, mehr Öl hinzufügen, damit der Kaffee im Öl eingetaucht bleibt.

Schütteln Sie das Gefäß eine Woche lang einmal täglich.

Gießen Sie das mit Kaffee aufgegossene Öl durch ein feines Teesieb, um den Kaffeesatz abzutropfen. Drücken Sie den Kaffeesatz mit der Rückseite eines Löffels, um die letzten Tropfen des Öls aufzufangen. Bewahren Sie das Öl auf. Wenn Sie möchten, können Sie den Kaffeesatz wieder in das Gefäß geben und erneut mit frischem Öl aufgießen. Der Kaffeesatz enthält eine Menge Geschmack.

MAKEUP-ENTFERNER

<u>Öl-Reinigung</u>

Ölreinigung ist genau das, wonach es klingt: die Reinigung des Gesichts mit Öl. Dieser DIY-Make-up-Entferner ist vielleicht der einfachste von allen.

Probieren Sie eines der folgenden Rezepte aus, um zu entscheiden, welche Öle für Ihre Haut geeignet sind:

Fettige Haut: 1/3 Rizinusöl oder Haselnussöl zu 2/3 Oliven-, Sonnenblumen- oder anderem Öl

Mischhaut: 1/4 Rizinus- oder Haselnussöl und 3/4 Oliven-, Sonnenblumen- oder ein anderes Öl

Trockene Haut: Alle pflegenden Öle wie Olivenöl oder eine sehr kleine Menge Rizinus-/Haselnussöl zu den pflegenden Ölen.

Zubereitung:

Verwenden Sie das zu Ihnen passende Öl und massieren Sie es ein bis zwei Minuten lang in Ihr Gesicht ein. (Die Haut muss nicht vorgewaschen oder angefeuchtet werden.)

Weichen Sie ein sauberes Tuch in sehr heißem Wasser ein und wringen Sie es aus, bevor Sie es auf Ihr Gesicht legen. Lassen Sie den Lappen etwa eine Minute lang auf Ihrem Gesicht dampfen.

Wischen Sie Ihre Haut mit der sauberen Seite des Lappens ab und lassen Sie die dünne Ölschicht, die zurückbleibt, in Ihre Haut einziehen.

Aloe Vera

Kombinieren Sie Aloe-Vera-Gel mit ein paar hautpflegenden Zutaten, um Make-up und Unreinheiten zu entfernen.

Zubereitung:

Mischen Sie zu gleichen Teilen Aloe-Vera-Gel und rohen Honig in einem kleinen Behälter.

Fügen Sie 2 Esslöffel des Öls Ihrer Wahl für jede 250 ml des Reinigungsmittels.

Verwenden Sie einen Stabmixer, um die Zutaten zu vermischen, bis eine Paste entsteht. Bewahren Sie den Reiniger in einem luftdichten Behälter auf, und achten Sie darauf, dass er im Kühlschrank aufbewahrt wird, wenn er frische, konservierungsmittelfreie Aloe Vera enthält.

Verwenden Sie einen kleinen Löffel des Reinigungsmittels, um Make-up zu entfernen, indem Sie es ein bis zwei Minuten lang in die Haut einmassieren, bevor Sie es mit kaltem Wasser abspülen.

Makeup-Entferner-Tücher

Es ist ganz einfach, Make-up-Entfernungstücher selbst herzustellen.

So stellen Sie DIY-Makeup-Entfernungstücher her:

Zutaten;

- ein winziges Glas mit dicht schließendem Deckel
- Wattestäbchen
- 1 Esslöffel reine Aloe Vera
- 3 Teelöffel reines Hamamelis-Extrakt
- 1 Teelöffel flüssige Castile Seife
- 1 Teelöffel fraktioniertes Kokosnussöl (oder Ihr bevorzugtes haut reinigendes Öl)
- 8-12 Tropfen haut beruhigendes ätherisches Öl wie Lavendel oder Weihrauch
- optional: 1 Teelöffel Vitamin-E-Öl oder 6-8 Tropfen ätherisches Rosmarinöl als Konservierungsmittel

Zubereitung:

Alle Zutaten bis auf die Wattekugeln in das Gefäß geben und schütteln oder mit einem Stabmixer gut vermischen.

Stapeln Sie die Wattekugeln im Glas und schütteln Sie es vorsichtig, um sie mit der Mischung zu bedecken.

Verwenden Sie ein Stück Watte, um Ihr Make-up zu entfernen, wann immer Sie einen schnellen DIY-Make-up-Entferner brauchen. Die Reinigungstücher sind ideal für unterwegs!

LIPPENBALSAM

Lippenbalsam

Zutaten;

- 2 1/4 Esslöffel / 30 g reine Sheabutter
- 2 1/2 Esslöffel / 40 g Kokosnussöl
- 2 Esslöffel / 20 g Bienenwachs
- 10 Tropfen ätherisches Öl Ihrer Wahl (z.B. Pfefferminz, Lavendel, Vanille, Grapefruit)

Zubereitung:

Sheabutter, Kokosnussöl und Bienenwachs in ein mikrowellengeeignetes Geschirr geben. In der Mikrowelle auf mittlerer Stufe in einminütigen Intervallen schmelzen, bis das Bienenwachs geschmolzen ist. Zwischen den einzelnen Intervallen umrühren, bis die Masse perfekt vermischt ist.

Sobald es geschmolzen ist, rühren Sie 10 Tropfen ätherisches Öl in die Mischung.

Den Lippenbalsam in Kosmetiktöpfchen oder -dosen gießen. Lassen Sie den Lippenbalsam aushärten, was bei

Zimmertemperatur eine Stunde oder im Kühlschrank 20 Minuten dauert. Nach dem Aushärten sieht der Lippenbalsam weiß und undurchsichtig aus.

In luftdicht verschlossenen Behältern ist der 4-Zutaten-Lippenbalsam bis zu 6 Monate haltbar.

Heilendes Lippenbalsam-Rezept für trockene, rissige Lippen

Zutaten;

- 2 Esslöffel / 20 g / 50 ml Jojoba-Wachs (oder Bienenwachs - nicht vegan)
- 1 1/2 Esslöffel / 20 g / 25 ml Rizinusöl
- 1 Esslöffel / 10 g /25 ml Hanfsamenöl
- 2 Esslöffel / 20 g / 25 ml Kokosnussöl
- 5 Tropfen ätherisches Melissenöl
- 5 Tropfen ätherisches Süßorangenöl
- 1/8 Teelöffel blauer Glimmer

Zubereitung:

Jojobawachs, Kokosnussöl, Rizinusöl und Hanfsamenöl in einen hitzebeständigen Behälter geben. Ideal ist ein Messbecher mit Ausgießer.

In einem warmen Wasserbad auf kleiner Flamme erhitzen, bis das Wachs geschmolzen ist.

Vom Herd nehmen und umrühren, bis die Zutaten des Lippenbalsams gut vermischt sind. Wenn Sie Glimmer verwenden, rühren Sie ihn jetzt ein.

5 Minuten abkühlen lassen und gelegentlich umrühren.

Die ätherischen Öle von Melisse und Süßorange hinzufügen. Gut mischen.

Füllen Sie die Lippenbalsam-Mischung in Tiegel oder Röhrchen. Sie können die Lippenbalsam-Behälter mit bedruckbaren Etiketten verzieren. Der Lippenbalsam ist 6 Monate haltbar.

MASKE

Haferflocken-Gesichtsmasken

Wenn Sie auf der Suche nach einem schnellen Muntermacher sind, mit dem Sie sich besser fühlen und besser aussehen, dann gönnen Sie sich eine Haferflocken-Gesichtsmaske. Mischen Sie 125 ml heißes - nicht kochendes - Wasser mit 70 ml Haferflocken. Nachdem sich das Wasser und die Haferflocken zwei oder drei Minuten lang gesetzt haben, mischen Sie 2 Esslöffel Naturjoghurt, 2 Esslöffel Honig und ein kleines Eiweiß unter.

Tragen Sie eine dünne Schicht der Maske auf Ihr Gesicht auf und lassen Sie diese 10 bis 15 Minuten einwirken. Dann mit warmem Wasser abspülen. (Stellen Sie unbedingt ein Metall- oder Plastiksieb in Ihr Waschbecken, damit der Abfluss nicht durch das Granulat verstopft wird).

Mayonnaise-Gesichtsmasken

Warum Geld für teure Cremes ausgeben, wenn Sie sich eine wohltuende selbstgemachte Gesichtsmaske mit Volleimayonnaise aus dem eigenen Kühlschrank gönnen können? Verteilen Sie die Mayonnaise sanft auf Ihrem

Gesicht und lassen Sie sie etwa 20 Minuten einwirken. Wischen Sie sie dann ab und spülen Sie sie mit kaltem Wasser ab. Ihr Gesicht wird sich sauber und glatt anfühlen.

Joghurt-Gesichtsmasken

Sie müssen nicht in ein Spa gehen, um Ihrem Gesicht eine schnelle Hilfe zu geben. Um Ihre Haut zu reinigen und die Poren zu verkleinern, tragen Sie etwas Naturjoghurt auf Ihr Gesicht auf und lassen Sie ihn etwa 20 Minuten einwirken. Für eine revitalisierende, selbstgemachte Gesichtsmaske mischen Sie 1 Teelöffel Naturjoghurt mit dem Saft von 1/4 Orangenscheibe, etwas Orangenfruchtfleisch und 1 Teelöffel Aloe Vera Gel. Lassen Sie die Mischung mindestens fünf Minuten auf Ihrem Gesicht, bevor Sie sie abspülen.

Natürliche, vegane und Grausamkeit freie Handcreme

Zutaten:

- 50 g Kokosnussöl
- 25 g Sheabutter
- 25 g Kakaobutter
- 1 Esslöffel Vitamin-E-Öl
- 3 Tropfen ätherisches Orangenöl

Zubereitung:

Kokosnussöl, Sheabutter und rohe Kakaobutter zusammenschmelzen.

Die Schüssel vom Herd nehmen und das Vitamin-E-Öl und das ätherische Orangenöl einrühren. Verquirlen, bis alles gut vermischt ist.

Die Schüssel für 20 bis 30 Minuten in den Gefrierschrank stellen, bis die Masse halb fest geworden ist.

Schlagen Sie die Mischung mit einem Handrührgerät 1 bis 2 Minuten lang auf höchster Stufe, bis eine schaumige, butterartige Konsistenz erreicht ist.

Füllen Sie die Mischung in einen Glasbehälter oder ein Glas um.

Das war's! Jetzt können Sie Ihre Handcreme verwenden, wann immer Sie wollen.

Nicht fettende Lotion

Zutaten:

- 2 Esslöffel geriebenes Bienenwachs
- 125 ml Süßmandelöl
- 2 Esslöffel Vitamin-E-Öl
- 2 Esslöffel Kakaobutter
- 175 ml Wasser

Zubereitung;

Bienenwachs, Mandelöl und Kakaobutter im Backofen schmelzen. Nach dem Schmelzen das Vitamin E hinzufügen, ein natürliches Konservierungsmittel, das sich hervorragend für die Hautpflege eignet.

Geben Sie das Wasser in den Boden eines Mixers. Sobald das Wasser gemischt ist, fügen Sie langsam Ihre Öle hinzu. Sie stellen eine Emulsion her.

Machen Sie das SEHR LANGSAM. Sie werden sehen, dass es eine dicke und cremige Konsistenz bekommt. Gieße die Emulsion in eine Ersatz-Pumpflasche. Bewahre sie im Kühlschrank auf.

DUSCHGEL

Feuchtigkeits-Duschgel

Zutaten:

- 2 EL Sheabutter, geschmolzen
- 2 EL Jojobaöl oder Traubenkernöl, mit gutem Erfolg auch natives Olivenöl extra.
- 1 EL pflanzliches Glycerin
- 1 Teelöffel Xanthan oder Guarkernmehl - Wenn Sie Guarkernmehl verwenden, versuchen Sie es zunächst mit 1/4 Teelöffel, das Gel könnte mit 1 Teelöffel Guarkernmehl zu dick sein
- 70 ml Kastilienseife
- 70 ml warmes Wasser Destilliertes Wasser für den Langzeitgebrauch. Das Wasser muss nicht heiß sein
- 10 Tropfen ätherisches Lavendelöl
- Stabmixer

Zubereitung:

Die geschmolzene Sheabutter, das Jojobaöl und das Glycerin in eine mittelgroße Schüssel geben. Das Xanthangummi darüber streuen. Lassen Sie das Gummi 1 Minute lang ruhen.

Während dieser Zeit sollte das Pulver in die Flüssigkeit einsinken.

Nach 1 Minute das Gummi mit dem Stabmixer in der Ölmischung auflösen - 1 Minute lang mit dem Stabmixer mixen. Geben Sie die Castile-Seife und das warme Wasser in die Schüssel. Stellen Sie den Stabmixer auf den Boden der Schüssel. Pürieren Sie die Mischung mit dem Stabmixer noch 1 bis 2 Minuten lang, wobei Sie auf und ab pulsieren. Die Mischung sollte in dieser Zeit eine cremige, Lotion-artige Konsistenz annehmen.

Gießen Sie das Duschgel in einen Seifenspender. Dazu können Sie auch einen leeren Spender nutzen.

Die Mischung wird sich zwar nicht trennen, aber es ist empfehlenswert, den Behälter vor jedem Gebrauch leicht zu schütteln. Wenn Sie Wasser in ein Produkt ohne Konservierungsmittel geben, besteht immer die Gefahr, dass Sie Bakterien einschleppen, also verwenden Sie Produkte auf Wasserbasis schnell.

Matcha Zucker Körperpeeling

Zutaten:

- 1 Teelöffel Matcha-Grüntee
- 125 ml nicht raffiniertes Bio-Kokosnussöl
- 60 ml biologisches Safloröl
- 250 g + 125 g Bio-Zucker raffiniert
- 0,25 Teelöffel Grüntee-Extrakt
- 10 Tropfen ätherisches Bergamotte Öl

Zubereitung:

Schlagen Sie das Kokosnussöl ein oder zwei Minuten lang auf, bis es cremig ist. Es muss fest werden, damit Sie es aufschlagen können. Wenn es geschmolzen ist (normalerweise bei ca. 25°C), 1 Stunde in den Kühlschrank stellen.

Das Öl hinzugeben und weiter aufschlagen.

Den Zucker und den Matcha hinzufügen und gut verrühren.

Zum Schluss die ätherischen Öle hinzugeben.

In hübsche Gläser füllen.

Da es kein Wasser enthält, ist diese Peeling einige Monate haltbar. Am besten bewahren Sie es im Kühlschrank auf, damit sich der Zucker nicht mit den Ölen auflöst.

Achten Sie darauf, immer einen sauberen Löffel zu verwenden, um das Peeling zu schöpfen, damit Sie es nicht verunreinigen.

Setzen Sie sich in die Badewanne und schrubben Sie Ihren Körper einmal in der Woche unter der Dusche.

Gut abspülen. Achten Sie darauf, dass Sie nicht ausrutschen, denn das Öl kann die Wanne rutschig machen.

Verwenden Sie zum Reinigen der Wanne heißes Wasser und ein natürliches Reinigungsmittel.

Schokoladen-Gesichtspeeling

Schokolade ist reich an Antioxidantien und hat Anti-Aging-Eigenschaften. Außerdem steigert sie die Kollagenproduktion, spendet der Haut Feuchtigkeit und verleiht dem Gesicht einen strahlenden Glanz und macht die Haut seidig weich.

Zutaten

- 2-3 Esslöffel geschmolzene dunkle Schokolade
- 250 g Kristallzucker
- zwei Esslöffel gemahlenen Kaffee
- 125 ml Kokosnussöl

Mischen Sie all diese Zutaten und bewahren Sie sie in einem luftdichten, verschlossenen Gefäß auf.

Wenn Sie es verwenden möchten, geben Sie ein paar Löffel davon in eine mikrowellengeeignete Schüssel und erhitzen Sie es 6 bis 8 Sekunden lang. Schrubben Sie es ab, um eine weiche, geschmeidige Haut zu erhalten.

Superleichtes Zucker-Handpeeling

Zutaten:

- 250 g Zucker
- 125 ml Olivenöl
- 15 Tropfen ätherisches Öl (Serenity, Lavendel oder Zitrone)
- Einmachglas oder anderes Glasgefäß

Zubereitung:

Zucker, Olivenöl und ätherisches Lavendelöl in einem Einmachglas vermischen. Gut umrühren. Bei Bedarf mehr Öl hinzufügen.

Anwendung: Mit einem Löffel oder einem anderen sauberen Gegenstand ein paar Esslöffel des Handpeelings aus dem Behälter nehmen. Reiben Sie die Hände 1 Minute lang sanft ein. Mit warmem Wasser abspülen.

SEIFEN

Feste Seife
Das Schmelz- und Gießverfahren

Wenn Sie Anfänger sind, ist dies die einfachste und sauberste Art, Seife herzustellen. Normalerweise muss bei der Seifenherstellung mit Lauge, einer starken alkalischen Lösung, arbeiten. Das ist ein bisschen kompliziert und kann gefährlich sein, daher ist eine Schutzausrüstung erforderlich.

Beim Schmelzen und Gießen ist die Seifenbasis bereits verseift (einfach ausgedrückt: Erhitzen von Fett oder Öl, um es in Seife umzuwandeln), sodass keine Lauge mehr verwendet werden muss.

Zutaten:

- 625 ml Kokosnussöl
- 310 ml Olivenöl
- 270 ml Destilliertes Wasser
- 125 ml, 100 Prozent reine Lauge
- ätherische Öle
- Farbstoffe (optional)
- getrocknete Kräuter oder Blumen (optional)

Zubereitung:

Messen Sie die Zutaten ab und ziehen Sie Ihre Schutzkleidung an. Stellen Sie den Topf auf die Herdplatte auf niedrigster Stufe. Fügen Sie das Kokosnussöl hinzu.

Während das Kokosnussöl schmilzt, bereiten Sie die Laugenlösung vor. Fügen Sie die Lauge langsam zum Wasser hinzu. (Fügen Sie der Lauge kein Wasser hinzu - das ist unsicher).

Rühren Sie die Lösung vorsichtig mit einem Spatel um, während Sie die Lauge hinzufügen. Sie wird heiß werden und Dämpfe freisetzen, was normal ist.

Stellen Sie die Lauge beiseite und lassen Sie sie 15 bis 20 Minuten abkühlen.

Kontrollieren Sie die Öle. Wenn das Kokosnussöl vollständig geschmolzen ist, fügen Sie das Olivenöl hinzu. Gut umrühren.

Sobald die Öle eine Temperatur von 49 bis 54 °C erreicht haben, stellen Sie den Stabmixer an die Seite des Topfes. Gießen Sie die Lauge vorsichtig ein, um Spritzer zu vermeiden. Langsam umrühren.

Den Mixer auf niedrige Stufe stellen. Die Mischung in kreisenden Bewegungen rühren. Halten Sie den Mixer eingetaucht, um Luftblasen zu vermeiden.

Setzen Sie das Mixen und Rühren 10 bis 15 Minuten lang fort, oder bis die Seife die Schlieren zieht. Das ist der Zeitpunkt, an dem die Öle und die Lauge emulgiert sind und wie Pudding aussehen.

Den Topf abdecken und 50 Minuten lang auf niedriger Stufe kochen. Wenn die Mischung Blasen wirft, rühren Sie sie vorsichtig um.

Die Herdplatte ausschalten. Die Mischung abkühlen lassen, bis sie auf unter 82 °C abgekühlt ist. Ätherische Öle und Farbstoffe (falls verwendet) hinzufügen. Gut mischen.

Gießen Sie die Mischung in die Seifenform. Glätten Sie die Oberfläche mit einem Spatel. Klopfen Sie die Form auf Ihre Arbeitsfläche, um Luftblasen zu entfernen. Mit getrockneten Kräutern bestreuen, falls verwendet.

Seife mit Kernseifenflocken
(einfachere und schnellere Version)

Zutaten:

- 100 g Flocken
- 4-5 Tropfen natürliches, ätherisches Öl
- Wasser und 2 Schüsseln für ein Wasserbad

Zubereitung:

Seifenflocken im Wasserbad schmelzen.

Wenn die Seife duften soll, geben Sie für Kosmetik geeignetes, natürliches ätherisches Öl hinzu. (Im Reformhäusern, Apotheke oder auch online erhältlich. Um ihre Seife einzufärben, können sie Lebensmittelfarbe verwenden. Auch bei dieser Seife um ein besonderes Aussehen zu verleihen, können sie nach Belieben getrocknete Blüten und Kräuter verwenden.

Wenn alle Zutaten im Wasserbad gut vermischt sind, füllen Sie die Seife in die dafür vorgesehenen Seifenformen oder andere geeignete Gefäße ab und lassen sie die aushärten. Alternativ können sie nach kurzen abkühlen die Seife auch mit den Händen formen und eine eigene Form entstehen lassen. Auch verschiedene Farben können sie nach Belieben miteinander mischen.

Die selbstgemachte Seife sollte mindestens einen Tag lang aushärtet werden, bevor Sie sie verwenden. Dickere Seifenstücke brauchen entsprechend mehr Zeit.

Hausgemachtes Essig-Fußbad

Wenn Sie auf der Suche nach einem Fußbad mit doppelter Wirkung sind, ist dies das Richtige für Sie. Essig ist großartig für ein Fußbad, weil er nicht nur raue, abgestorbene Haut aufweicht, sondern auch dabei helfen kann, Giftstoffe aus Ihrem Körper zu entfernen.

Wenn Sie jetzt denken, dass Essig stinkt und Sie auf keinen Fall mit Ihren Füßen in einer Schüssel mit stinkendem Essig sitzen wollen, ist dieser Gedanke nachvollziehbar.

Dieses Rezept verwendet einige starke ätherische Öle, um den Essiggeruch zu überdecken, sodass Sie sich nicht die Nase zuhalten müssen, während Ihre Füße einweichen.

Zutaten:

- 60 ml Apfelessig
- 1 Teelöffel Öl nach Wahl (Avocado-, Oliven- oder Kokosnussöl)
- 125 ml warmes Wasser
- 15 Tropfen ätherisches Öl nach Wahl

Zubereitung:

Messen Sie Essig, Öl und ätherische Öle in einer Schüssel oder einem Becken ab, das so groß ist, dass Sie Ihre Füße darin eintauchen können.

Fügen Sie genug warmes Wasser hinzu, um Ihre Füße zu bedecken.

Weichen Sie Ihre Füße 10-15 Minuten lang ein.

Reiben Sie die trockene Haut an den Fersen mit einem Tuch ab und reiben Sie überschüssiges Öl ab.

Alternativ können Sie auch ein Körper- oder Fußpeeling verwenden, um hartnäckige Fersenhaut zu entfernen.

Honig-Milch Fussbad

Diese klebrige Substanz zieht Feuchtigkeit an und speichert sie. Honig, vor allem roher oder unpasteurisierter Honig, ist ein natürlicher Inhaltsstoff, der für die Haut geeignet ist. Es ist eine antibakterielle Substanz, die Infektionen vorbeugt und kleinere Hautabschürfungen heilt. Honig ist reich an Antioxidantien, die gut für Falten und alternde Haut sind. Außerdem ist es ein hervorragender Feuchtigkeitsspender, der Hautirritationen und Hautunreinheiten klärt und lindert.

Anwendung:

Nehmen Sie ein Bad in Honig und Milch. Mischen Sie 125 ml Honig mit 500 ml Vollmilch und geben Sie ein paar Tropfen ätherisches Öl dazu. Geben Sie dies in Ihre warme Badewanne, lehnen Sie sich zurück und genießen Sie Ihr natürliches Schönheitsbad. Die Milchsäure in der Milch hat eine stark peelende Wirkung. Honig ist weichmachend, feuchtigkeitsspendend und wird Sie rundum verschönern.

BADEBOMBEN

Selbstgemachte Badebomben mit natürlichen Zutaten

Zutaten:

- 60 ml Backpulver
- 25 ml Zitronensäure
- 25 g Pfeilwurzelstärke (Sie können auch Maisstärke verwenden)
- 1,5 Esslöffel Süßmandelöl (oder jedes andere Öl, das Sie bevorzugen - Kokosnuss, Olive, etc.)
- 4-8 Tropfen Lebensmittelfarbe
- 6-8 Tropfen ätherische Öle Ihrer Wahl

Zubereitung:

Mit einem Mixer mit Schneebesenaufsatz alle Zutaten hinzufügen und auf höchster Stufe mixen. Mixen Sie etwa 2-3 Minuten, bis die Lebensmittelfarbe vollständig eingearbeitet ist. Die fertige Mischung sollte sich wie nasser Sand anfühlen.

Wenn Sie Badebombenformen haben, können Sie die Mischung fest in die Formen füllen. Wenn Sie keine Förmchen haben - keine Sorge! Sie können eine Muffinform aus Silikon nutzen oder auch herkömmliche Papierförmchen.

So ist sichergestellt, dass sich die Badebomben nach dem Trocknen leicht herauslösen lassen!

Lassen Sie die Badebomben vollständig trocknen (etwa 24 Stunden). In einem luftdichten Behälter aufbewahren, bis sie verwendet werden können.

Badezusatz mit grünem Tee

Grüner Tee kann seine Zell-schützende Wirkung nicht nur als Teeaufguss, sondern auch im Badewasser entfalten. Der Badezusatz hilft auch bei der Entgiftung und regt die Hautregeneration an. Grüner Tee punktet zudem mit seiner straffenden Wirkung.

Anwendung: Bis zu zehn Beutel Grüntee ins Badewasser geben.

Badezusatz mit Honig und Milch

Milch hat eine schützende und rückfettende Funktion für die Haut. Honig wiederum ist ein echter Vitamin- und Mineralstoff-Booster.

Zubereitung:

Erhitzen Sie einen Liter Milch (mit hohem Fettgehalt) in einem Topf und rühren Sie 250 Gramm Honig ein, bis er vollständig aufgelöst ist. Geben Sie die Milch-Honig-Mischung in das Badewasser.

Tipp: Wer sehr trockene Haut hat, setzt auf Ziegenmilch (hoher Fettgehalt!).

Badezusatz mit Ingwer

Ein heißes Bad mit Ingwer ist besonders im kalten Winter eine wahre Wohltat, denn es wärmt und regt die Durchblutung an!

Zubereitung:

Schneiden Sie ein Stück Bio-Ingwer (ca. 2 cm) in Scheiben und bringen Sie die Ingwerstücke mit einem Liter Wasser zum Kochen.

Lassen Sie den Sud bis zu 10 Minuten köcheln, dann sieben Sie ihn ab.

Füllen Sie das Badewasser nur zur Hälfte auf, geben Sie den Sud hinzu und fügen Sie dann weiteres warmes Wasser hinzu.

Backnatron-Zahnpaste

Backnatron ist ein Bestandteil, der häufig in Zahnpasten enthalten ist. Backpulver:

- ist sicher
- tötet Keime ab
- ist ein sanftes Schleifmittel
- funktioniert gut mit Fluorid

Denken Sie daran, dass zu viel Backpulver die oberste Schicht Ihres Zahnschmelzes abnutzen kann, die dann nicht mehr nachwächst. Bedenken Sie auch, dass Backpulver ein Produkt auf Salzbasis ist, falls Sie auf Ihren Salzkonsum achten.

Zubereitung

Mischen Sie 1 Teelöffel Backpulver mit einer kleinen Menge Wasser (Sie können je nach der von Ihnen bevorzugten Konsistenz Wasser hinzufügen).

Vielleicht möchten Sie Ihre Zahnpasta mit einem ätherischen Öl (z. B. Pfefferminz) aromatisieren. Verschlucken Sie weder Backpulver noch ätherische Öle.

Natürliche Zahnpasta ohne Natron

Natron hellt die Zähne auf und entfernt Zahnbeläge. Zu häufig verwendet kann Natron den Zahnschmelz angreifen.

Zutaten:

4- 5 Esslöffel Kokosöl

2-3 Teelöffel Xylit

Optional 5 bis 10 Tropfen ätherisches Öl, wie (Pfefferminzöl)

Zubereitung:

Alle Zutaten im warmen Wasserbad zusammen mischen. Umrühren bis eine Paste entsteht.

Zahnpasta mit Kokosöl

Zutaten:

4 - 5 Esslöffel Kokosöl

2 -3 Esslöffel reines Natron

optional 5 - 10 Tropfen ätherisches Öl

Zubereitung:

Kokosöl kurz im Wasserbad erwärmen, bis es leicht flüssig ist. Das Natron und eventuell ätherisches Öl dazugeben und gut vermischen. Das Ganze von Wasserbad nehmen und abkühlen lassen. Während dem Abkühlen immer wieder umrühren.

Die etwas festere Paste mit einem Löffel oder Messer entnehmen und auf die Zahnbürste geben. Im Mund wird das Kokosöl schnell flüssig.

Für eine ganz leichte Bleiche können sie der Zahncreme eine Messerspitze Kurkuma zugeben.

Kokosnussöl-Zahnpasta (Ölziehen)

Öl im Mund zu schwenken - eine Praxis, die als Ölziehen bekannt ist - kann zu einigen Vorteilen für die Mundgesundheit führen, aber es gibt nur begrenzte Untersuchungen über ihre Wirksamkeit.

Sie können diese Technik ausprobieren, indem Sie jeden Tag 5 bis 20 Minuten lang eine kleine Menge Öl in Ihrem Mund bewegen. Eine Studie ergab, dass das Ölziehen mit Kokosnussöl die Plaque nach sieben Tagen reduzierte.

Salbei-Zahnpaste

Ein Rezept für Salbei-Zahnpaste kombiniert diese Zutaten:

- 1 Teelöffel Salz
- 2 Teelöffel Backpulver
- 1 Esslöffel pulverisierte Orangenschalen
- 2 Teelöffel getrockneter Salbei
- einige Tropfen ätherisches Pfefferminzöl

Zermahlen Sie diese Zutaten und mischen Sie diese mit ein wenig Wasser zu einer Paste. Denken Sie daran, dass die direkte Anwendung von Zitrusfrüchten oder anderen Früchten auf Ihren Zähnen aufgrund ihrer natürlichen Säuren sehr schädlich sein kann. Dies kann zu Karies und Zahnempfindlichkeit führen.

Alle Zahnpasten können danach in sterile Dosen oder Töpfchen abfüllt werden.

Salbei-Mundspülung

Sie können eine Salbeimundspülung herstellen, indem Sie eine Handvoll Salbeiblätter und einen Teelöffel Salz in 75 ml kochendem Wasser auflösen.

Wenn die Mischung abgekühlt ist, spülen Sie diese im Mund hin und her und spucken sie nach ein paar Minuten wieder aus. Dies kann Ihren Mund auf natürliche Weise reinigen, ist aber kein wissenschaftlich belegtes Rezept.

Sonnencreme

Zutaten

- 125 ml Mandel- oder Olivenöl (kann auf Wunsch vorher mit Kräutern aufgegossen werden)
- 60 ml Kokosnussöl
- 60 g Bienenwachs
- 2 Esslöffel Zinkoxid
- 1 Teelöffel rotes Himbeersamenöl (oder weniger, optional)
- 1 Teelöffel Karotte-samen--Öl (oder weniger, optional)
- 2 Esslöffel Sheabutter (wahlweise)

Optionale Zutaten

- ätherische Öle
- Vanilleextrakt
- andere natürliche Extrakte (keine Zitrusfrüchte)

Zubereitung

Mischen Sie alle Zutaten außer Zinkoxid in einem Glasgefäß.

Füllen Sie einen mittelgroßen Topf mit ein paar Zentimetern Wasser und stellen Sie ihn auf den Herd bei mittlerer Hitze.

Setzen Sie einen Deckel auf das Glas und stellen Sie es in den Topf mit dem Wasser.

Schütteln oder rühren Sie das Glas gelegentlich, damit sich die Zutaten beim Schmelzen vermischen.

Wenn alle Zutaten vollständig geschmolzen sind, rühren Sie das Zinkoxid ein und gießen es in das Glas.

Beim Abkühlen ein paar Mal umrühren, um sicherzustellen, dass das Zinkoxid eingearbeitet ist.

Bei Raumtemperatur oder im Kühlschrank aufbewahren, um die Haltbarkeit zu verlängern.

Hinweis

Dieses Sonnenschutzmittel ist nicht wasserfest und muss nach dem Schwitzen oder Schwimmen erneut aufgetragen werden.

Achten Sie darauf, dass Sie das Zinkoxid nicht einatmen. Verwenden Sie notfalls eine Maske!

Geben Sie mehr Bienenwachs hinzu, um eine dickere Sonnencreme zu erhalten, weniger, um eine glatte Creme zu erhalten.

An einem kühlen, trockenen Ort oder im Kühlschrank aufbewahren.

Die Creme sollte in einem kleinen Tiegel aufbewahrt und wie eine Körperbutter aufgetragen werden. Sie wird dicker, vor allem, wenn Sie Kokosnussöl in dem Rezept verwenden. Wenn Sie das Zinkoxid entfernen, ergibt sich ein hervorragendes Rezept für eine Lotion!

LOTION NACH DER SONNE

Zutaten:

- 60 ml Aloe Vera
- 2 Esslöffel Hamamelis
- 10 Tropfen ätherisches Pfefferminzöl
- 1-2 Teelöffel Vitamin-E-Öl (wahlweise)

Zubereitung

Geben Sie alle Zutaten in eine Schüssel und verquirlen Sie diese.

Gießen Sie die Mischung mit einem Trichter in eine Pumpflasche (möglicherweise müssen Sie die Mischung mit einem Spatel in die Flasche drücken, da sie recht dickflüssig ist).

Im Kühlschrank aufbewahren (nicht notwendig, aber die Kühle der Lotion ist sehr wohltuend bei einer Verbrennung).

NATÜRLICHE APOTHEKE

Heilpflanzen, wie es der Name schon sagt, wird zu Heilzwecken und zur Linderung von Krankheiten innerlich wie auch äußerlich angewendet. Das Positive an Heilpflanzen ist, dass sie so gut wie keine Nebenwirkungen aufweisen. Im Gegensatz zu den konventionellen Medikamenten, die häufig unerwünschten Nebenwirkungen mit sich bringen.

Die natürliche Medizin reicht weit in der Geschichte der Menschheit zurück und viele Menschen schwören auch heute noch auf ihre Wirkung. Die Kräuter können frisch oder getrocknet in unterschiedlichen Formen angewendet werden. Zum Beispiel als Tee, Sirup, direkt auf die Wunde, in Salben oder als Badezusätze.

Wenn Sie nicht schon einige in ihrem Garten oder Fensterbank angepflanzt haben, können Heilpflanzen auch sehr gut selber angebaut werden.

Natürliches Insektenschutzmittel – Kräuter.

Das Wetter wird immer wärmer. Doch mit den hohen Temperaturen können auch einige Insekten Sie und Ihre Familie belästigen. Sie können Ihren Garten und Ihre Pflanzen anknabbern und in der Nähe von Abflüssen und Waschbecken auftauchen. Anstatt zu Insektiziden zu greifen, sollten Sie diese Kräuter als natürliches Insektenschutzmittel verwenden. Sie können die empfohlenen Kräuter in Ihrem Garten anpflanzen oder sie in Behältern im Haus oder im Freien anbauen, sodass Sie sie je nach Bedarf in Haus und Hof verteilen können.

Minze

Minze vertreibt Ameisen, Flöhe, Motten, Käfer, Blattläuse und Mäuse – und hilft so auch Ihrem Hund gesund zu bleiben. Vorsicht: Katzen lieben Minze, also pflanzen Sie sie dort, wo Sie sie nicht stören. Wenn Sie sie einmal gepflanzt haben, wird sie jede Saison wachsen und sogar einen Teil Ihres Gartens einnehmen, also planen Sie entsprechend oder pflanzen Sie sie in einen Container.

Verwenden Sie die Blätter für Minz Tee, für marokkanisch inspirierte Gerichte und für Mojitos, um sich in der Sommerhitze abzukühlen.

Basilikum

Basilikum ist so nützlich. Es vertreibt auf natürliche Weise Insekten wie Mücken und Fliegen. Basilikum verhindert nicht nur, das unerwünschte Summen um Ihren Kopf, Sie können auch ein paar davon aus dem Garten pflücken und sie zu den Tomaten in Ihren Salat mit frischem Mozzarella legen. Es gibt viele Düfte, also experimentieren Sie mit dem, was Ihnen gefällt.

Lorbeerblätter

Welch eine Erleichterung, denn Kakerlaken können mit Lorbeerblättern fernhalten werden. Die getrockneten Blätter kann zusätzlich in Brühe für Suppen und Eintöpfe oder als Grundlage für einen Kräuterkranz verwenden kann.

Katzenminze

Nicht nur Ihre Katzen werden sie lieben, sondern eine Mischung aus Katzenminze und Rosmarin kann als Spray oder Öl zur Abwehr von Mücken verwendet werden. Fügen Sie etwas Zitronenmelisse hinzu, um die Wirkung zu verstärken.

Zitronenmelisse

Sie können die Zitronenmelisse nicht nur Ihrem Mückenschutzmittel beifügen, sondern auch einen Tee aufbrühen, um Stress abzubauen.

Dill

Dill ist nicht nur für Großmutters Gurken gedacht, sondern wehrt auf natürliche Weise Insekten wie Blattläuse, Kürbis Wanzen und Spinnmilben ab.

Lavendel

Lavendel ist nicht nur schön für Garten und Hof, sondern vertreibt auch Motten, Flöhe, Fliegen und Stechmücken. Trocknen Sie ihn und verwenden Sie ihn in kleinen Stoffbeuteln als Beutel in Ihrer Schublade, oder füllen Sie ein rechteckiges Stück Stoff für ein beruhigendes Augenkissen. Getrockneter Lavendel kann auch in Bündeln in der Nähe von Trockenwaren aufgehängt werden, um Insekten abzuwehren

Rosmarin

Ein weiteres widerstandsfähiges Kraut, das in milderen Klimazonen fast das ganze Jahr über wächst und jedes Frühjahr wieder auftaucht, wenn Sie es einmal gepflanzt haben. Verwenden Sie ihn zur Abwehr von Kohl Bohrern, Karottenfliegen, Schnecken und dem mexikanischen Bohnenkäfer. Fügen Sie einige Zweige zu Blumenarrangements hinzu und Sie können die robusten Stängel als Spieße auf dem Grill, in Fleischgerichten (vor allem Lamm) verwenden und sogar einige auf heiße Kohlen für ein aromatisches Grillfest werfen.

Knoblauch

Wenn Sie Knoblauch anpflanzen, können Sie einer Vielzahl von Schädlingen den Garaus machen, darunter Blattläusen, dem japanischen Käfer, der Möhrenfliege, dem Apfelwickler, Schnecken, Wurzelmaden, Kohl Wicklern, dem mexikanischen Bohnenkäfer, dem Pfirsichbaum Bohrer und Kaninchen. Verwenden Sie frischen Knoblauch, um nahezu jedem Gericht Tiefe und Geschmack zu verleihen.

Kräuter zur Linderung allgemeiner Insektenstiche

<u>Ätherisches Öl</u>

Es ist immer eine gute Idee, ein paar ätherische Öle im Haus zu haben. Mit nur einer Handvoll ätherischer Öle können Sie alle Arten von Schürfwunden, Kratzern, Verbrennungen und - ja - sogar Insektenstiche behandeln!

Teebaum-, Lavendel- und Kokosnussöl sind alle hilfreich, um Schmerzen, Juckreiz und Schwellungen zu lindern. Teebaumöl ist wegen seiner antiseptischen Eigenschaften besonders nützlich: Es lindert nicht nur den Juckreiz, sondern kann auch Infektionen verhindern, wenn ein Biss aufgekratzt wurde.

Achten Sie auf das Etikett, um sicherzustellen, dass Sie das ätherische Öl direkt auf die Haut auftragen können: Möglicherweise müssen Sie es vorher mit Wasser verdünnen.

Zitronen- oder Limetten

Ob Sie es glauben oder nicht: Zitrone oder Limette kann sowohl den Juckreiz lindern als auch eine Infektion verhindern. Als natürliche mikrobielle Einheit helfen Zitronen und Limetten, die Schwellung und den Juckreiz eines Mückenstichs zu behandeln. Wenn Sie den Stich mit einem Stück Zitrone einreiben, sollte er sich innerhalb weniger Minuten besser anfühlen. Achten Sie darauf, nicht in die Sonne zu gehen, da dies zu Verbrennungen führen kann.

Grüner Teebeutel

Wenn Sie einen grünen Teebeutel zur Hand haben, haben Sie Glück! Tauchen Sie ihn einfach in kaltes Wasser, stellen Sie ihn in den Kühlschrank, bis er schön kalt ist, und halten Sie ihn dann auf den Insektenstich. Das lindert den Juckreiz und hilft gleichzeitig, die Entzündung zu reduzieren.

Honig

Haben Sie etwas Honig in Ihrem Schrank? Geben Sie einen Tropfen davon auf jede Bissstelle. Das lindert Rötungen und Juckreiz. Achten Sie nur darauf, dass keine Käfer in der Nähe sind: Das könnte Ameisen anlocken!

Weißer Essig

Zu guter Letzt ist da noch der gute alte weiße Essig. Er sollte in keinem Haushalt fehlen: Er eignet sich hervorragend zum Reinigen und bildet die Grundlage für eine Reihe von natürlichen Hausmitteln. Mischen Sie Essig und kaltes Wasser, tränken Sie einen Waschlappen darin und tragen Sie ihn auf Ihre Bisse auf.

Natürliche Kräuter gegen Kopfschmerzen

Basilikum

Warum eigentlich? Dem frischen italienischen Kraut wird eine schmerzlindernde Wirkung nachgesagt, die dazu beiträgt, die natürlichen Prozesse des Körpers zu stimulieren und Schmerzen zu lindern.

Wie Sie es verwenden:

Geben Sie 3 oder 4 frische Basilikumblätter in 250 ml kochendes Wasser und lassen Sie es ziehen. Nach dem Ziehen den Tee langsam schlürfen. Alternativ können Sie auch einige frische Basilikumblätter kauen (dies hilft auch, den Atem zu erfrischen) oder den Dampf inhalieren, nachdem Sie das Basilikum in einem Topf gekocht haben.

Kamille

Warum? Als mildes Beruhigungsmittel mit entspannenden Eigenschaften kann 250 ml Kamillentee Ihre Sorgen lindern und stressbedingte Kopfschmerzen beseitigen. Kamillentee kann auch entzündungshemmend wirken und helfen, Muskelkrämpfe zu reduzieren.

Wie sie es anwenden:

Für einen einfachen, entspannenden Kamillentee zwei Teelöffel Kamille auf 250 ml Wasser geben und 5 Minuten köcheln lassen; für einen süßeren Geschmack Honig hinzufügen.

<u>Minze</u>

Warum eigentlich? Sie schmeckt nicht nur in einem Tee, sondern ist auch ein erfrischendes Gewürz, das bei einer Reihe von Beschwerden wie Migräne und Erkältungen hilft. Minztee enthält Antioxidantien, die Kopfschmerzen lindern können.

Wie sie es anwenden:

Für Minztee Wasser leicht aufkochen, Minzblätter darüber gießen und 10 Minuten zugedeckt ziehen lassen, abseihen, in die Lieblingstasse füllen und entspannen.

Rosmarin

Warum eigentlich? Rosmarin ist für seine positive Wirkung auf die Psyche bekannt, aber es wurde auch festgestellt, dass er Schmerzen deutlich lindert.

Wie sie es anwenden:

Das Kraut kann in Form von Öl direkt auf die Schläfen aufgetragen werden, um Kopfschmerzen oder Migräne zu lindern. Alternativ können Sie den Dampf inhalieren oder es als Tee verwenden. Für Rosmarintee das Wasser zum Kochen bringen, die Kräuter darüber gießen und 10-15 Minuten ziehen lassen.

Fenchel

Warum eigentlich? Die aztekischen Stämme verwenden Fenchel zur Behandlung von Kopfschmerzen. Sie ist auch dafür bekannt, dass sie die Verdauung fördert.

Wie Sie es einnehmen:

Fencheltee kann entweder aus den Samen oder den frischen Stängeln zubereitet werden. Für Tee aus frischen Blättern übergießen Sie die Blätter mit 250 ml kochendem Wasser und lässt sie 15–20 Minuten ziehen.

Natürliche Kräuter und Pflanzen für Prellungen, Verstauchungen, Zerrungen

Kamille

Die meisten von uns denken, dass Kamille medizinische Eigenschaften hat, die uns beim Einschlafen helfen, aber in Wirklichkeit ist sie viel wirksamer als die nächtliche Tasse Tee. Kamille hat entzündungshemmende, antibakterielle und heilende Eigenschaften, die sie zu einer idealen Behandlung von Schnittwunden machen.

Wie sie es anwenden:

Eine Schnittwunde am Finger kann behandelt werden, indem diesen ein paar Minuten lang in etwas warmem Kamillentee einweicht, oder der warme und feuchte Teebeutel auf andere Schnittwunden aufgelegt werden kann. Die Kamille, die Pflanze, kann schwierig sein zum Anpflanzen. Sie ist aber winterhart, wenn sie sich einmal etabliert hat.

Eukalyptus

Die meisten von uns kennen Eukalyptus dank der Hustenbonbons, die einen eher medizinischen Geruch haben, und um ehrlich zu sein, hat er diesen Ruf auch verdient. Eukalyptusöl ist dafür bekannt, dass es Schmerzen bei Muskelkater und Gelenkverletzungen lindert, aber es hat auch antiseptische Eigenschaften, die es erlauben, es äußerlich bei kleinen Schnittwunden zu verwenden.

Wie sie es anwenden:

Das Öl sollte vor der Anwendung in einem Trägeröl verdünnt werden, oder die Blätter können zur Zubereitung eines Tees verwendet werden. Obwohl der Eukalyptus ein sehr großer Baum ist, kann er auch im Haus in Töpfen angebaut werden.

Wegerich

Der Spitz- und Breitwegerich, der oft als Unkraut betrachtet wird, ist eigentlich eine Wunderpflanze, essbar und nahrhaft, ein hervorragender Bodenverbesserer und mit medizinischen Eigenschaften ausgestattet. Er wird bei Bienenstichen, Schlangenbissen, Hautausschlägen, Ohrenentzündungen und natürlich bei Schnittwunden und Prellungen eingesetzt. Er fördert die Blutgerinnung und stoppt Blutungen (Vorsicht bei Blutproblemen).

Wie sie es anwenden:

Die frischen Blätter zerdrücken, bis der Pflanzensaft sich freisetzt und direkt auf die Wunde drücken oder leicht einreiben.

Außerdem kann er zu einem Umschlag, einer Tinktur, einem Tee oder einer Salbe verarbeitet, innerlich eingenommen oder äußerlich angewendet werden. Der Wegerich ist so verbreitet wie der Löwenzahn und wächst bereits in den meisten Gärten.

Teebaum

Teebaumöl wird sehr häufig zur Behandlung von Schnittwunden und zur Vorbeugung von Infektionen verwendet. Es ist antibakteriell, entzündungshemmend, antiseptisch und sogar antimikrobiell. Das ist eine Menge Antis für eine kleine Pflanze. Allerdings ist sie bei der Einnahme ziemlich giftig und sollte von schwangeren und stillenden Frauen gemieden werden.

Wie sie es anwenden:

Bei äußerer Anwendung ist er jedoch ein äußerst wirksames Mittel, dessen Verwendung bis zu den australischen Ureinwohnern zurückreicht. Der Teebaum ist ein schnell wachsendes Mitglied der Myrtenfamilie.

Zaubernuss (Hamamelis)

Hamamelis wird häufig durch Franzbranntwein ersetzt und ist in der Tat eine großartige natürliche Alternative für viele Behandlungen, insbesondere bei Schnittwunden und Blutergüssen. Sie ist adstringierend, wodurch sich das Körpergewebe zusammenzieht und die Blutung verlangsamt. Außerdem lässt sie blaue Flecken schneller abklingen und hilft, die darunter liegenden Schäden zu reparieren.

Erhältlich ist sie in jeder Apotheke als Flüssigkeit oder in Form von getränkten Pads oder Stoffquadraten.

Heilkräuter zur Narbenheilung

Aloe Vera.

Die beruhigenden Fähigkeiten dieser Pflanze können bei vernarbter Haut wahre Wunder bewirken. Sie können Aloe Vera in Ihre Hautpflegeroutine einbauen, sowohl für Ihr Gesicht als auch für Ihren Körper.

Reinigen Sie die Haut mit einem sanften Reinigungsmittel und warmem (nicht zu heißem) Wasser. Tragen Sie das Gel oder die Creme mit Aloe Vera auf die betroffenen Hautstellen auf.

Vitamin E:

Dieses fettlösliche Vitamin ist auch als Tocopherol bekannt und kann in Kapseln und als Flüssigextrakt erworben werden. Zunächst sollten Sie die Haut reinigen und sicherstellen, dass Sie eine saubere, glatte Arbeitsfläche haben.

Tragen Sie ein paar Tropfen Vitamin-E-Öl auf die Narbe auf und massieren Sie die Stelle, bis das Vitamin-E-Öl eingezogen ist. Dieses Öl ist nicht fettig und zieht schnell in die Haut ein.

Sheabutter:

Bei Narben, die durch Hautverletzungen wie Risse, Schnitte und Verbrennungen entstanden sind, ist es wichtig, die Haut während des Heilungsprozesses mit Feuchtigkeit zu versorgen. Verrühren Sie rohe Sheabutter mit Rosenwasser oder Kokosnussöl, um eine Lotion zur Narbenheilung herzustellen.

Massieren Sie sie fest in die Narbenbereiche ein, um altes, verhärtetes Narbengewebe abzubauen und die Blutzirkulation zu fördern.

Ätherische Öle:

Es gibt viele Pflanzenessenzen, die den Heilungsprozess von Narbengewebe beschleunigen können.

Mehrmals täglich einige Tropfen (2-4) auf die betroffene Stelle auftragen. Sie können auch direkt inhalieren, diffundieren oder kann als Nahrungsergänzungsmittel verwendet werden.

Die Zwiebel:

Dieses Gemüse enthält eine Vielzahl einzigartiger chemischer Verbindungen, darunter Kampferöl. Wenn Sie täglich Zwiebelsaft auf Ihre Narben auftragen, können Sie erstaunliche Ergebnisse erzielen.

Geben Sie die Zwiebeln in einen Zerkleinerer und stellen Sie eine Paste her. Zwiebelsaft auspressen und auftragen. Es hilft nicht nur bei der Reduzierung des Aussehens von Narben, sondern auch Entzündungen und Rötungen.

Heilkräuter gegen Grippe, Erkältung und Husten

Katzenminze

Katzenminze ist nicht nur für Katzen geeignet; auch Menschen können von diesem kühlenden Kraut profitieren. Sie kann die Ruhe fördern, die Verdauung verbessern und die Symptome von Erkältungen und Grippe lindern. Außerdem ist sie aufgrund ihrer schweißtreibenden Eigenschaften ideal zur Behandlung von Fieber, da sie die Körpertemperatur senkt und das Schwitzen fördert. Katzenminze wirkt auch krampflösend und Husten stillend, was bedeutet, dass sie bei übermäßigem Husten helfen kann.

Echinacea

Echinacea ist ein fantastischer Immunstärker. Er greift zwar nicht direkt Viren und Bakterien an, aber er erhöht die Fähigkeit der weißen Blutkörperchen, Mikroben zu verschlucken und abzutöten. Außerdem hilft er dem Blut- und Lymphsystem, Krankheitserreger und Toxine effektiver zu bekämpfen. Sie sollten Echinacea als Tee einnehmen, sobald Sie das Gefühl haben, an einer Erkältung oder Grippe zu erkranken; andernfalls wird es Ihnen nicht helfen. Denken Sie daran, dass dieses Kraut nur für eine vorübergehende

Anwendung gedacht ist und nicht regelmäßig eingenommen werden sollte.

Holunder

Es gibt zwei verschiedene Pflanzen, die diese erstaunlichen dunkelvioletten Beeren produzieren: den europäischen Baum und den amerikanischen Strauch. Die Rinde, die Blätter, die Früchte und die Wurzeln des Holunders werden schon seit langem in der traditionellen Medizin verwendet. Die moderne Forschung scheint die Grippe-bekämpfenden Eigenschaften des Holunders zu bestätigen. Er greift zwar nicht direkt das Grippevirus an, kann aber das Immunsystem stärken, indem er die Produktion wichtiger Immunstoffe, der sogenannten Zytokine, erhöht. Probieren Sie Holundersirup, um sich schneller von einer Erkältung oder Grippe zu erholen.

Rezept Holundersirup

1 kg Holunderbeeren an den Dolden

2.5 dl Wasser

1 Zitrone (Saft)

750 g Zucker

Die Beeren an den Dolden unter fließendem Wasser gut abspülen und abtropfen lassen, danach von den Stielen zupfen.

Die Beeren mit dem Wasser und dem Zitronensaft aufkochen und danach auf niedriger Stufe 10 Minuten kochen lassen. Zuerst durch ein Sieb, anschliessend durch ein Tuch gut ab sieben. Dem aufgefangenen Saft der Zucker beigefügen. Nochmal aufkochen und 5 Minuten auf niedriger Stufe weiter kochen lassen.

Der fertige Sirup sofort in sterile Flaschen füllen und verschliessen.

Eukalyptus

Diese einzigartige, erfrischende Pflanze verdankt ihr angenehmes Aroma und ihre heilende Wirkung dem Eukalyptus, ihrem Hauptwirkstoff. Kräuterkundige empfehlen Eukalyptus bei Halsschmerzen, verstopfter Nase und Brust, Erkältungen, Grippe, Bronchitis und Asthma. Dieses Kraut kann festsitzenden Schleim in der Brust lösen und das Abhusten erleichtern. Eukalyptusdämpfe werden auch zur Vorbeugung gegen bakterielle Bronchitis eingesetzt, die eine mögliche Komplikation von Erkältungen und Grippe ist.

Knoblauch

Knoblauch ist eines der ältesten traditionellen Heilmittel mit starken heilenden Eigenschaften. Die „stinkende Rose" kann eine Vielzahl von Mikroorganismen hemmen oder sogar abtöten. Einen Großteil seiner antibiotischen und antibakteriellen Wirkung verdankt Knoblauch einer speziellen chemischen Verbindung namens Alliin. Kräuterkundler empfehlen ihn bei einer Vielzahl von Problemen, darunter Erkältungen, Husten, Grippe, Fieber und Bronchitis. Am besten nehmen Sie den Knoblauch direkt durch den Verzehr zu sich, aber wenn Sie den Geruch und Geschmack nicht mögen, gibt es auch Nahrungsergänzungsmittel.

Ingwer

Dieses frische, aromatische Kraut wird sowohl zum Kochen als auch zum Heilen verwendet. Seine Schärfe macht ihn zu einem großartigen Heilmittel für verschiedene Atemwegserkrankungen. Ingwer kann Halsschmerzen lindern, Verstopfungen lösen, den Schleim entfernen und die Nasenwege befreien. Außerdem wirkt er schleimlösend, kann also die Schweißbildung fördern und bei Fieber helfen. Ingwer ist in vielen Formen erhältlich: als frische oder getrocknete Wurzel, in Pulverform, als Extrakt, als Tee, als Tablette oder als Kapsel.

Heilkräuter zur Desinfektion

Eukalyptus:

Eukalyptusöl hat antivirale und antibakterielle Eigenschaften. Kombinieren Sie es mit Teebaumöl in einer Flasche mit Wasser, um ein Reinigungsspray für Ihr Badezimmer herzustellen - fünf oder sechs Tropfen von jedem sind ausreichend. Wischen Sie damit die Dusche, das Waschbecken und die Theken ab, um jeden Tag frische, saubere Oberflächen zu erhalten.

Rosmarin:

Pflücken Sie ein wenig Rosmarin aus Ihrem Kräutergarten, um ein natürliches Allzweckreinigungsspray herzustellen. Geben Sie Orangenschalen und Rosmarinzweige in ein mit weißem Essig gefülltes Glas, lassen Sie es zwei bis vier Wochen stehen und sieben Sie es dann ab. Mischen Sie diese Lösung mit einer gleichen Menge Wasser und bewahren Sie sie in einer Sprühflasche auf. Die desinfizierenden Eigenschaften von Rosmarin sorgen dafür, dass Ihre Oberflächen nicht nur sauber sind, sondern auch wunderbar duften.

Minze:

Pfefferminzöl hat nicht nur ein frisches, sauberes Aroma, sondern ist auch ein natürliches Pestizid. Mischen Sie 1/2 Teelöffel davon mit Zitronensaft und Wasser, und schon haben Sie einen herrlich duftenden natürlichen Glasreiniger, der Fliegen, Ameisen und anderes Ungeziefer davon abhält, durch die Fenster ins Haus zu kommen.

Zitrone:

Wie die Minze ist auch die Zitrone in fast jedem Desinfektionsmittel zu finden. Sie verfeinert nicht nur den Geschmack von Speisen und Getränken, sondern ist auch für ihre bleichenden Eigenschaften bekannt. Sie können Zitronensaft zusammen mit Backpulver oder Essig verwenden, um ein wirksames antibakterielles Reinigungsmittel zu erhalten.

Lavendel:

Genau wie Rosmarin ist auch Lavendel ein erstaunliches Desinfektionsmittel. Mischen Sie etwas Lavendelöl mit Backpulver und verwenden Sie es zur Reinigung Ihrer Teppiche. Es hinterlässt einen angenehm erfrischenden Geruch.

Grapefruit:

Sie können 4–40 Tropfen in Wasser geben und die Mischung 2-3-mal täglich auf die betroffene Stelle auftragen. Sie können es auch auf viel größere Flächen sprühen.

SCHLUSSWORT

Vielen Dank, dass Sie sich die Zeit genommen haben, dieses Buch zu lesen. Ich hoffe, Sie haben die Rezepte und Informationen, die ich mit Ihnen geteilt habe, genossen. Denken Sie daran, dass Ihr Rezept nur dann "biologisch" ist, wenn die Rohstoffe, die Sie beziehen, biologisch sind. Wenn die Zutaten nicht aus biologischem Anbau stammen, können Sie leider fast sicher sein, dass sie mit synthetischen Düngemitteln und Pestiziden angebaut wurden und/oder genetisch verändert sind. Ich entscheide mich bewusst dafür, die Belastung durch künstliche Chemikalien in unserer Umwelt zu begrenzen, und ich möchte Sie ermutigen, dasselbe zu tun. Ich glaube fest an die Vorteile des ökologischen Landbaus für unsere Lebensmittel- und Wasserversorgung, für unsere Hautpflegeprodukte und für die allgemeine Gesundheit und das Wohlbefinden unseres Planeten Erde und aller seiner Bewohner.